企业境外法律风险防范国别指引

（哈萨克斯坦）

《企业境外法律风险防范国别指引》系列丛书编委会 编

经济科学出版社

图书在版编目（CIP）数据

企业境外法律风险防范国别指引. 哈萨克斯坦/《企业境外法律风险防范国别指引》系列丛书编委会编. —北京：经济科学出版社，2013.5

ISBN 978 - 7 - 5141 - 3437 - 7

Ⅰ.①企… Ⅱ.①企… Ⅲ.①企业法 - 研究 - 哈萨克 Ⅳ.①D912.290.4②D936.122.9

中国版本图书馆 CIP 数据核字（2013）第 117620 号

责任编辑：柳　敏　于海汛
责任校对：王凡娥
版式设计：代小卫
责任印制：李　鹏

企业境外法律风险防范国别指引（哈萨克斯坦）

《企业境外法律风险防范国别指引》系列丛书编委会　编
经济科学出版社出版、发行　新华书店经销
社址：北京市海淀区阜成路甲 28 号　邮编：100142
总编部电话：010 - 88191217　发行部电话：010 - 88191522
网址：www.esp.com.cn
电子邮件：esp@esp.com.cn
天猫网店：经济科学出版社旗舰店
网址：http://jjkxcbs.tmall.com
北京汉德鼎有限公司印刷
华玉装订厂装订
710×1000　16 开　10.25 印张　140000 字
2013 年 7 月第 1 版　2013 年 7 月第 1 次印刷
印数：0001—5000 册
ISBN 978 - 7 - 5141 - 3437 - 7　定价：32.00 元
(图书出现印装问题，本社负责调换。电话：010 - 88191502)
(版权所有　翻印必究)

《企业境外法律风险防范国别指引》系列丛书
编委会名单

主 任： 黄淑和

副主任： 周渝波

委 员：（按姓氏笔画为序）

刘新权　孙才森　孙晓民　李　平
张吉星　陈德林　赵利国　秦玉秀
郭进平　郭俊秀　董学博

本书编写人员：（按姓氏笔画为序）

王红飞　王　超　卢建勋　冯　洁
任文全　刘　辉　朱晓娴　李　戬
周巧凌　赵要德　贲晓峰　施彦秋
倪　敏　裴克炜

编 者 按

　　随着我国企业"走出去"步伐不断加快,企业涉外法律业务大幅增加。掌握运用国际竞争规则和东道国法律、防范境外法律风险,已成为企业提升国际化经营水平的必然要求。近年来,国内一批大企业积极实施海外发展战略,在全球资源配置和参与国际竞争中取得明显成效。这些企业高度重视国际化经营中的法律问题,对东道国相关的法律法规和政策进行了深入细致的研究,不断强化合规管理,并系统总结了运用法律规则开展境外业务、解决复杂问题的经验和做法。为指导我国企业加强境外法律风险防范,加快提升企业国际化经营能力,本系列丛书总结了这些企业在国外开展投资、贸易、工程承包、劳务合作等业务的成功做法、实践经验和典型案例。丛书内容简明适用、资料鲜活生动,是我国企业深入开展境外法律风险防范有益的工具书和辅导材料。

　　在丛书付印之际,谨向给予丛书编写工作支持和帮助的国务院国资委和有关中央企业的领导、专家及各界朋友表示衷心的感谢。

《企业境外法律风险防范国别指引》
系列丛书编委会
2013 年 7 月 1 日

目　　录

第一章　哈萨克斯坦概况 …………………………………… 1
　　第一节　地理和行政区划 …………………………………… 1
　　第二节　民族和人口 ………………………………………… 2
　　第三节　语言、宗教与习俗 ………………………………… 3
　　第四节　政治制度 …………………………………………… 4
　　第五节　自然资源 …………………………………………… 6

第二章　哈萨克斯坦法律制度概述 ………………………… 11
　　第一节　立法概况 …………………………………………… 11
　　第二节　部门法体系 ………………………………………… 12
　　第三节　哈萨克斯坦主要法律制度 ………………………… 17

第三章　哈萨克斯坦外国投资法律制度 …………………… 30
　　第一节　哈萨克斯坦外资政策 ……………………………… 30
　　第二节　哈萨克斯坦外资法律体系及
　　　　　　外资法基本内容 …………………………………… 38
　　第三节　哈萨克斯坦投资法律风险与防范 ………………… 45
　　第四节　典型案例 …………………………………………… 51

第四章　哈萨克斯坦贸易法律制度 ………………………… 58
　　第一节　哈萨克斯坦对外贸易政策 ………………………… 58

第二节　哈萨克斯坦对外贸易法律体系及基本内容…………　59
　　第三节　哈萨克斯坦贸易法律风险与防范………………………　64
　　第四节　典型案例…………………………………………………　66

第五章　哈萨克斯坦工程承包法律制度………………　70
　　第一节　哈萨克斯坦工程承包的主要做法………………………　70
　　第二节　哈萨克斯坦工程承包法律体系及
　　　　　　基本内容…………………………………………………　73
　　第三节　哈萨克斯坦工程承包
　　　　　　法律风险与防范…………………………………………　85
　　第四节　典型案例…………………………………………………　88

第六章　哈萨克斯坦劳动法律制度……………………　91
　　第一节　哈萨克斯坦劳动法律体系及基本内容…………………　91
　　第二节　哈萨克斯坦有关聘用当地员工的
　　　　　　法律规定…………………………………………………　96
　　第三节　哈萨克斯坦有关境外用工许可的
　　　　　　法律规定…………………………………………………　102
　　第四节　哈萨克斯坦劳动用工法律风险与
　　　　　　防范………………………………………………………　108
　　第五节　典型案例…………………………………………………　112

第七章　哈萨克斯坦争议解决法律制度………………　116
　　第一节　哈萨克斯坦争议解决机制概述…………………………　116
　　第二节　哈萨克斯坦诉讼制度……………………………………　120
　　第三节　哈萨克斯坦仲裁制度……………………………………　125
　　第四节　调解程序…………………………………………………　130
　　第五节　中国与哈萨克斯坦司法判决和仲裁裁决
　　　　　　的承认和执行……………………………………………　131

目 录

第八章 哈萨克斯坦其他法律风险提示 …… 134
第一节 国家安全审查 …… 134
第二节 反垄断审查 …… 138
第三节 国有化问题 …… 146

后记 …… 151

第一章

哈萨克斯坦概况

第一节 地理和行政区划

哈萨克斯坦共和国（英文：The Republic of Kazakhstan；俄文：Республика Казахстан）简称为哈萨克斯坦（Казахстан）。1990年10月25日，哈萨克最高苏维埃通过独立主权国家宣言，宣布脱离苏维埃社会主义共和国联盟，1991年12月10日更名为哈萨克斯坦共和国，正式宣布独立，同年12月21日加入独联体。哈萨克斯坦位于亚洲中部，西濒里海（海岸线长1 730公里），北邻俄罗斯，东连中国，南与乌兹别克斯坦、土库曼斯坦、吉尔吉斯斯坦接壤。哈萨克斯坦面积272.49万平方公里，居世界第9位，为世界最大内陆国，也是中亚土地面积最大的国家，东西约3 000公里，南北约1 700公里。

哈萨克斯坦境内多平原和低地，全境处于平原向山地过渡地段，境内60%的土地为沙漠和半沙漠。最北部为平原，中部为东西长1 200公里的哈萨克丘陵，西南部多低地，东部多山地。欧亚次大陆地理中心位于哈萨克斯坦。哈萨克斯坦约15%的土地属于欧洲部分。

哈萨克斯坦为单一制国家，全国划分为14个州和2个直辖市。14个州分别为阿克莫拉州（Акмолинская область）、阿克纠宾州（Актюбинская область）、阿拉木图州（Алматинская область）、阿特劳州（Атырауская область）、南哈萨克斯坦州（Южна－Казахстанаская область）、东哈萨克斯坦州（Восточно－Казахстанская область）、江布尔州（Жамбылская область）、西哈萨克斯坦州（Западна－Казахстанская область）、卡拉干达州（Карагандинская область）、克孜勒奥尔达州（Кызылординская область）、科斯塔奈州（Костанайская область）、曼格什套州（Мангистауская область）、巴甫洛达尔州（Павлодарская область）、北哈萨克斯坦州（Северо－Казахстанская область）。2个直辖市分别为阿拉木图市（Almaty, Алмата）和首都阿斯塔纳市（Astana, Астана）。

另外，在直辖市和州行政区之下，哈萨克斯坦还分为86个市、168个区（市辖区8个）、174个乡镇。①

阿拉木图（Almaty, Алмата）1929～1997年曾为哈萨克斯坦首都，是哈萨克斯坦经济、文化、教育、贸易中心，人口约145万，是哈萨克斯坦人口最多的城市。1997年12月，哈萨克斯坦迁都阿斯塔纳（原名阿克莫拉）市。阿斯塔纳（Astana, Астана）位于+6时区，与北京时间相差（晚）2小时，是哈萨克斯坦政治、经济、文化、教育中心，人口约70万。

第二节　民族和人口

哈萨克斯坦是一个多民族国家，共有131个民族，主要有哈

---

① http://www.parlam.kz/Information.aspx?doc=1&lan=ru-RU（登录时间：2012年12月10日）。

萨克族、俄罗斯族、乌克兰族、乌兹别克族、维吾尔族等。

根据哈萨克斯坦国家统计署公布的最新数据，截至2012年初，哈萨克斯坦全国总人口为16 675 392人，其中哈萨克族占63.6%，俄罗斯族占23.3%，乌兹别克族占2.9%，乌克兰族占2.0%，维吾尔族占1.4%，鞑靼族占1.2%，日耳曼族占1.1%，其他民族占4.5%；城市人口为9 114 614人，乡村人口为7 560 778人。[①]

在哈萨克斯坦的华人人数不多，主要集中在哈萨克斯坦东南部地区的阿拉木图州和东哈萨克斯坦州。据哈萨克斯坦有关部门统计，自中国进入哈萨克斯坦经商的流动华人约有4万~5万人，主要集中在阿拉木图市从事中国商品批发业务。

第三节　语言、宗教与习俗

哈萨克斯坦的国家语言是哈萨克语，属于突厥语族。根据宪法的规定，哈萨克语和俄语同为正式官方语言。

哈萨克斯坦大多数民众信仰宗教，全国有46个不同宗教派别，约3 000多个宗教组织和团体。主要宗教有伊斯兰教、基督教（东正教、天主教、新教）、佛教、犹太教、印度教等。主体民族哈萨克族信仰伊斯兰教，属逊尼派，约占总人口的71.2%。东正教是哈萨克斯坦第二大宗教，共有202个教区，信徒人数约占总人口的25.17%，主要为俄罗斯族。新教教徒约占总人口的2.1%。其他各少数民族分属不同的教派，人数较少。哈萨克斯坦奉行政教分离的宗教政策，其宪法第一条即规定："哈萨克斯坦共和国为民主的、世俗的、法治的和社会的国家，人及其生

---

① http：//www.stat.kz/digital/naselsenie/Pages/default.aspx.（登录时间：2012年12月10日）

命、权利和自由具有最高价值。"

哈萨克人过去长期过着游牧生活，被称为"马背上的民族"，"逐水草而居"。现在多已定居。在婚姻方面，哈萨克人多遵循部落外联姻的习俗，一个部落7代人之内不得通婚。丧葬则遵循伊斯兰教规，实行土葬。哈萨克斯坦十分重视家族传统，尊敬长辈，并尊重民族和宗教信仰。人际关系十分重要，一般通过共餐、聚会或打猎来建立。受俄罗斯影响，哈萨克人的饮食习惯与西方人的用餐方式类似，采用分餐制，喜欢小吃、蔬菜和水果。由于地理位置的中间性和民族文化及宗教的混合性，哈萨克斯坦民俗和生活习惯风格体现的多样化和过渡性倾向非常明显，人的体格面貌上欧亚混合，建筑人文风格各异，这也是哈萨克斯坦旅游业的一大特色。[①]

哈萨克斯坦的民族习俗根源于大草原的文化传统。随着伊斯兰教的传播，哈萨克族人接受了伊斯兰教主要的宗教节日和起源于中亚的阿拉伯东部的传统和地方习俗。哈萨克人民最期待和最喜庆的节日就是纳吾热孜节（即春节，3月22日）。哈萨克人的主要食物是牛羊肉、奶、面食、蔬菜等，习性和欧洲基本相同，哈萨克人最常喝的饮料是奶茶和马奶，传统食品是羊肉、羊奶及其制品，最流行的菜肴是手抓羊肉。

第四节 政治制度

哈萨克斯坦为总统制共和国，独立以来实行渐进式民主政治改革。国家政权以宪法和法律为基础，根据立法、司法、行政三权既分立又相互作用和制衡的原则行使职能。

---

① 参见孙星云、曾辉、张军平：《哈萨克斯坦文化和社会习俗》，载《中国石油企业》2011年第3期。

第一章　哈萨克斯坦概况

"共和国活动的基本原则是：社会协商和政治稳定，为全民福利发展经济，哈萨克斯坦爱国主义，以民主方法解决国家生活中的最重要问题，包括共和国的全民公决或议会的表决"（哈萨克斯坦宪法第1条第2款）。根据哈萨克斯坦宪法的规定，国家权力的唯一渊源是人民。人民通过全民公决和自由选举行使权力，并授权国家机关行使治权。在宪法授权的范围内，共和国总统以及议会有权代表人民和国家。共和国政府以及各国家机关也可以根据授权以国家的名义采取行动。

根据哈萨克斯坦宪法的规定，共和国总统为国家元首，任期7年，连选可以连任。现任总统努尔苏丹·阿比舍维奇·纳扎尔巴耶夫（Нурсултан Абишевич Назарбаев）自1991年12月1日当选为首任哈萨克斯坦共和国总统以来，已连续三次当选，自1989年当选国家首脑之时起算，任职年限超过23年。此次任期至2016年。总统是决定国家对内对外政策基本方针并在国际关系中代表哈萨克斯坦的最高国家官员。

哈萨克斯坦的立法权由议会行使。议会由上下两院组成，其主要职能是：通过共和国宪法和法律，并对其进行修订和补充；同意总统对政府总理、国家安全委员会主席、总检察长、国家银行行长的任命；批准和废除国际条约；批准国家经济和社会发展计划、国家预算计划及其执行情况的报告等。在议会对政府提出不信任案、两次拒绝总统对总理的任命、因议会两院之间或议会与国家政权其他部门之间发生无法解决的分歧而引发政治危机时，总统有权解散议会。

议会议员由选民以直接投票的方式选举产生。2007年8月产生的第四届议会共有议员154人，其中上院议员47人，由总统任命15人，其他32名议员由哈萨克斯坦16个选区各选2人；下院议员107人，其中98人按照政党名单选出，其余9人经哈萨克斯坦人民大会推选。

哈萨克斯坦政府为国家最高行政机关，其活动对共和国总统负责，共由18个部、8个署组成。

哈萨克斯坦承认意识形态和政治多元化，在国家机关内禁止建立政党组织；各社会团体在法律面前一律平等；国家不得非法干涉社会团体事务，社会团体也不得干涉国家事务，不赋予社会团体国家机关职能。

哈萨克斯坦独立后实行多党制。2002年7月颁布《政党法》，规定只有党员人数超过5万人、在全国14个州和2个直辖市均设有分支机构、且各分支机构成员均达到700人以上的政党才可以在司法部进行登记。截至2009年7月，哈萨克斯坦司法部登记注册的共有10个政党。

哈萨克斯坦"祖国之光"人民民主党（Народно - демократическая партия "НУР ОТАН"），2006年12月22日成立，现有党员77万人，区域性组织16个，地方性组织226个，基层组织8 118个，是哈萨克斯坦最大政党，主张在社会伙伴关系与社会和谐等原则基础上建立自由开放的社会，加强国家社会职能；在经济方面，加强国家对经济的宏观调控能力；在对外关系方面，巩固和发展同俄罗斯、中亚邻国和中国等国家的睦邻友好关系。该党全力支持现任总统提出的"哈萨克斯坦道路"发展纲领，致力于研究落实具体改革措施，并主张维护现行宪法。总统纳扎尔巴耶夫任该党主席。

第五节 自然资源

哈萨克斯坦的矿产资源非常丰富，境内有90多种矿藏，1 200多种矿物原料，已探明的黑色、有色、稀有和贵重金属矿产地超过500处。在矿藏总储量上居世界第5位。不少矿藏储量占全球储量的比例很高，如钨超过50%，铀占25%，铬占23%，铅占19%，锌占13%，铜和铁均占10%，许多品种按储量排名在全世界名列前茅。

一、石油天然气

哈萨克斯坦石油天然气储量非常丰富，已探明储量居世界第7位。根据哈萨克斯坦储量委员会公布的数据，目前全哈萨克斯坦石油可开采储量40亿吨，天然气可采储量3万亿立方米。

另外，哈属里海地区是哈萨克斯坦石油开采量增长潜力最大的地区。濒里海盆地是当今世界油气储量最丰富的地区之一。据专家估算，该地区石油总储量可达900亿～2 000亿桶，天然气储量约为458.8万亿立方米，分别占世界石油和天然气总量的17.2%和7.5%，因而里海被称为"第二个中东"。里海周边共有5个国家，共同拥有里海地区自然资源的所有权。据美国能源部能源信息署公布的材料，哈属里海地区的石油总储量约为1 010亿～1 096亿桶，约占整个里海地区储量的一半，天然气总储量为153.3亿立方米，约占里海地区总储量的33%。

二、煤炭资源

哈萨克斯坦全国煤炭资源地质储量为1 767亿吨，排在中国、美国、俄罗斯、澳大利亚、印度、南非和乌克兰之后，居全球第8位，占世界总储量的4%。全国已探明和开采的煤田数量100个，其中大部分煤田分布在哈萨克斯坦中部，如卡拉干达、埃基巴斯图兹和舒巴尔科里煤田，还有北部地区，如图尔盖煤田等。

三、铀矿资源

哈萨克斯坦铀矿的储量非常丰富，已探明储量150万吨左右，占全球总储量的19%，居世界第2位。铀矿主要集中在哈萨克斯坦南部楚河—萨雷苏河铀矿区、锡尔河铀矿区（超过哈萨克斯坦总储量的70%）和北部铀矿区（约占哈萨克斯坦总储量的17%），已探明铀矿超过55个。哈萨克斯坦铀矿的水文地质条件非常优越，开采成本低。目前正在开采的铀矿90%以上采用地下浸出的低成本方法。

四、金矿

哈萨克斯坦黄金已探明储量约1 900吨，居世界第8位，占全球黄金储量的3%~4%。哈萨克斯坦有20个金矿区，主要分布在北部、东部和东南部地区。金矿的种类，约68%为单一金矿，其余为共生矿。但目前全国黄金产量的2/3来自共生矿，是在加工锌和铜的过程中提炼出来的。哈萨克斯坦黄金产量仅排行世界前20位。因此，哈萨克斯坦金矿资源开发大有潜力。

五、铜矿

哈萨克斯坦铜矿已探明储量为3 450吨，占世界总储量的5.5%，排在智利、印度尼西亚和美国之后，居第4位。哈萨克斯坦已勘探出93座铜矿，一半以上处于开采阶段。大型铜业开采公司有11家，其中2家为外国公司。排名靠前的两家公司为哈萨克斯坦铜业公司和哈萨克斯坦铝业公司。

六、其他矿产资源

（一）铅

哈萨克斯坦已探明铅储量为1 170万吨，占世界储量的10.1%，在俄罗斯、加拿大、澳大利亚、美国和中国之后，居第6位。

（二）锌

哈萨克斯坦已探明锌储量为2 570万吨，占世界总储量的9.5%，在澳大利亚、美国和俄罗斯之后，居第4位。

（三）铝矾土

哈萨克斯坦已探明的铝矾土储量4.5亿吨，居世界第10位。按每年开采500万吨计算，可开采90年以上。

（四）镍和钴

根据已探明的储量，哈萨克斯坦镍和钴的储量在世界各国中排名分别为第12位和第7位。全国正在开采的有39家镍矿，55家钴矿。

（五）锰矿

哈萨克斯坦的锰矿资源总储量超过 6 亿吨，居世界第 4 位，仅次于南非、乌克兰和加蓬共和国，全部集中在卡拉干达州。

（六）铁矿

哈萨克斯坦已探明铁矿储量 91 亿吨，居世界第 6 位，位列俄罗斯、澳大利亚、乌克兰、中国和巴西之后。哈萨克斯坦的铁矿属于富矿，铁精矿含量可达 65% 左右。

（七）铬矿

哈萨克斯坦铬矿含量丰富，其储量居世界第 2 位，仅次于南非。目前已探明铬矿 20 个，总储量超过 4 亿吨，占世界总储量的 1/3，几乎全部集中在阿克纠宾州的赫罗姆套地区。

（八）钨矿

哈萨克斯坦钨矿的储量为 200 万吨，居世界第 1 位，占全球储量的 50%。其钨矿主要集中在中部卡拉干达州及东南部的 12 个矿区，多为钨钼共生矿。最大的钨矿是位于卡拉干达州阿塔苏东大约 100 公里的上凯拉克特矿。[1]

---

[1] 矿产资源资料主要参见商务部国际贸易经济合作研究院、商务部投资促进事务局、中国驻哈萨克斯坦大使馆经济商务参赞处编《对外投资合作国别（地区）指南·哈萨克斯坦》（2011年版）；关税同盟网 http://www.keden.kz/ru/prir_resurs_kzphp。

第二章

哈萨克斯坦法律制度概述

第一节 立法概况

哈萨克斯坦的法律渊源体系由1998年3月24日通过的《规范性法律文件法》予以规定。宪法具有最高的法律效力，其后依次为宪法修正案、宪法性质的法律、一般的法律和有法律效力的总统令，具有法规性质的总统令、议会决议、政府决议、部委命令、国家各委员会的决议、其他国家机关的命令和决议、各州府的决定。此外，还有宪法委员会、高等法院和中央选举委员会的具有法规性质的决议。符合民商法立法精神的商务惯例，是民法的补充来源。宪法委员会的决议是以哈萨克斯坦宪法为基础的，因此其效力较高，任何一种法规都不能与宪法委员会的决议相抵触。

经共和国批准的国际条约比其国内法具有优先性，且可以直接适用，即在国际条约与国内法规定不一致时，适用国际条约的规定，但需要出台专门的法律予以实施的国际公约（《宪法》第5条第3款规定的情况）除外。经宪法委员会认可的国际条约不符合哈萨克斯坦共和国宪法的，不能被批准并产生效力。当宪法委员会认为国际公约不符合哈萨克斯坦宪法时，该国际公约不能被批准和付诸实施。

第二节 部门法体系

哈萨克斯坦的法律体系属于罗马日耳曼法系，它与俄罗斯以及其他独联体国家的法律体系共同构成了独立的欧亚大陆法系。法国学说对哈萨克斯坦宪法及部门法体系的形成和发展有着很大的影响。正如其他苏联加盟共和国一样，哈萨克斯坦的法律体系从1990年初起经历了重大变革，其公布的几项立法原则为：意识形态和政治多元化，实行市场经济，扩大个人的权利和自由并加强对它们的保障。

哈萨克斯坦法律改革的步伐是前苏联各共和国中迈得最快的国家之一，至2000年已经通过了一系列新的法典：《民法典》（1994～1999）、《刑法典》（1997）、《刑事诉讼法典》（1997）、《刑事执行法典》（1997）、《民事诉讼法典》（1999）以及一系列民刑及程序性法规。某些前苏联的法典（如《婚姻家庭法典》、《劳动法典》）被新编纂的法典所取代。

哈萨克斯坦法律大体上分为宪法、民商法、刑法、行政法、民事诉讼法、刑事诉讼法等法律部门。

一、宪法

1991年12月16日，哈萨克斯坦通过了宪法性法律《哈萨克斯坦共和国国家独立法》，宣布哈萨克斯坦独立。

哈萨克斯坦现行宪法是1995年8月30日全民投票通过的新

《宪法》。这是国家和社会基本的、主要的法律文件，规定了哈萨克斯坦共和国是"民主的、世俗的、法治的和社会的国家"，确定了国家和社会的制度及组织原则，规定了人民作为国家权力来源和国家基础的宪法地位，并对国家与社会中涉及的政治、经济、文化生活各个领域的基本问题作了根本性规定，为国家在相关领域制定法律确立了基本原则和依据。

二、民商法

哈萨克斯坦现行《民法典》由两部分组成。第一部分是1995年3月1日起实施的，第二部分是1999年7月1日起实施的。《民法典》调整的是平等主体之间的商品货币关系、其他以平等条件为基础的财产关系，以及与财产有关的人身非财产关系。

《民法典》总则部分包括第一章"总则"，第二章"所有权和其他物权"，第三章"义务"（包括义务的总描述和合同的义务）；分则部分包括第四章"单独义务的种类"，第五章"知识产权"，第六章"继承权"，第七章"国际私法"。

《民法典》继《宪法》之后规定了所有权划分为私有和国有。私有划分为个人所有和（或）法人、组织所有。公益所有被认为是私有权的特殊形式，其中包括宗教组织所有（第191条）。国家所有的形式表现为共和国所有和公有（第192条）。

在完成《民法典》的同时，哈萨克斯坦为了发展市场经济，还进行了大量的民商领域的立法：如1995年5月2日生效的《商事公司法》；1995年6月19日生效的《国有企业法》和1995年10月5日生效的《生产联合体法》；1997年1月21日生效的《破产法》；1997年6月19日生效的《个体户法》；1998年7月10日生效并于2003年5月13日修订的《股份公司法》；1998年4月22日生效的《有限责任和补充责任公司法》。

在金融领域，1997年5月5日实施了《证券市场法》；1997年4月28日实施了《流转票据法》；1997年3月5日实施了《证券业务登记法》；1997年3月6日实施了《投资基金法》；1995年8月31日实施了《银行和银行活动法》；1995年10月3日实施了《保险法》；1997年2月28日实施了《国家支持直接投资法》；1996年12月24日实施了《外汇管理法》。

在知识产权方面，有1992年7月24日生效的《专利法》和1996年6月10日生效的《著作权和关联权法》。

在土地、矿产资源方面，有1995年12月22日生效的总统"土地令"，1995年6月28日生效的总统"石油令"和1996年1月生效的关于地下资源及其开采利用的总统令。

在调整涉外经济活动方面，有1990年12月15日生效的《哈萨克斯坦社会主义共和国涉外经济关系活动基本原则（基础）法》；1995年1月11日生效的"涉外经济自由化"总统令和比较重要的1994年12月27日生效的《外商投资法》。

三、刑法

哈萨克斯坦现行的《刑法典》是1997年7月16日通过的（后进行过修改），取代了1961年哈萨克斯坦社会主义共和国《刑法典》。它是根据独联体国家法典模型制定的。因此，它包含的思想和内容近似于1996年俄罗斯联邦的《刑法典》。虽然哈萨克斯坦的《刑法典》有393条，区别于俄罗斯联邦《刑法典》最初的360条，但是两个法典结构总体上是一样的。

1997年《刑法典》规定的基本制裁措施为（第39条）：（1）罚款；（2）撤销职务或者强迫从事一定的活动；（3）参加社会劳动；（4）劳动教养；（5）对服兵役进行限制；（6）对自由进行限制；（7）军事纪律处分；（8）失去自由；（9）死刑。

没收财产、剥夺专业称号、军事称号或者其他荣誉称号、等级衔位、外交等级、职业等级和国家奖励作为补充的惩治措施。但是，2003年12月19日起，哈萨克斯坦颁布了具有法律效力的总统令，宣布延期适用死刑直到解决废除死刑问题。

四、行政法

哈萨克斯坦行政法是进行社会管理的必要和重要工具，调整的是所有国家权力执行机关的活动和公共关系管理活动、履行管理职能的其他国家机关的对内组织活动以及非国家组织、单位和企业的对外组织关系。

哈萨克斯坦行政法包括2001年1月30日通过的《行政违法法典》、2007年1月11日颁布的《行政许可法》。

五、民事诉讼法

哈萨克斯坦民事诉讼法调整的是法院根据职权审理和裁决诉讼案件以及其他案件时的法律关系。

哈萨克斯坦民事诉讼法包括调整民事诉讼程序的《民事诉讼法典》以及其他法律条例。哈萨克斯坦批准的国际条约和其他条约以及哈萨克斯坦宪法委员会和最高法院的规范性命令也是民事诉讼法的组成部分。

六、刑事诉讼法

1997年的《刑事诉讼法》是哈萨克斯坦调整刑事诉讼程序的规范文件，取代了1959年哈萨克斯坦社会主义共和国的

《刑事诉讼法》。在制定新的《刑事诉讼法》时借鉴了独联体国家刑事诉讼法模型范本。新的《刑事诉讼法》很大程度上保留继承了前苏联刑事审判的传统。新《刑事诉讼法》规定，辩护律师（辩护人）不仅在《宪法》（第16条第3款）规定的拘捕时刻或者起诉时刻起可以参加诉讼程序，而且在嫌疑人被确定之时起就可以参加诉讼程序。

七、劳动法

在保留传统的劳动保障的前提下，哈萨克斯坦努力进行劳动法的改革。1995年《宪法》（第24条）规定了每个人享有自由劳动的权利，自由择业的权利；在符合安全卫生条件环境下的劳动；不歧视地取得劳动报酬；以及享有社会保障就业的权利。哈萨克斯坦承认在处理个人劳动纠纷和集体劳动纠纷时使用法律规定的手段，包括罢工。1972年哈萨克斯坦社会主义共和国《劳动法典》被1999年12月10日颁布、2000年1月1日生效的《哈萨克斯坦劳动法》代替。其他的劳动领域内的法律法规包括：1998年12月30日颁布、1999年1月1日生效的《居民就业法》，1996年7月8日颁布的《集体劳动纠纷和罢工法》。

综上，经过20余年的经济改革和法制建设，市场经济环境在哈萨克斯坦已初步确立，适应市场经济的较为完备的法律体系也已初步建立。但是，包括外国投资法在内的法律体系还不够健全，这给中国投资者向该国投资带来了法律风险。因此，有必要对该国的相关法律制度进行进一步的分析研究。

第三节 哈萨克斯坦主要法律制度

一、公司法

在哈萨克斯坦，调整公司法律关系的现行法律是《民法典》（法人一章第58~95条）、《商事公司法》（1995年5月2日第2255号）、《有限责任公司和补充责任公司法》（1998年4月22日第220-Ⅰ号）和《股份公司法》（2003年5月13日第415-Ⅱ号修订）。另外，哈萨克斯坦共和国最高法院《关于适用有限责任公司和补充责任公司法若干问题的规范性决议》（2008年7月10日第2号）作为司法解释，也在解决公司纠纷中适用。按照上述有关公司的法律规定，哈萨克斯坦现有公司形式为无限公司、两合公司、有限责任公司、补充责任公司和股份公司。这些公司都是法人，除无限公司和两合公司外，公司以其股东出资和经营所得的财产对公司债务独立承担责任。有限责任公司和股份公司可以设立具有法人地位的子公司，同时还存在因各种原因而成立的附属公司。《民法典》有关公司的规范是较为原则性的，而各单行公司法对各类公司形式，尤其对有限责任公司和股份公司作出了重点规定。

（一）无限公司和两合公司

无限公司和两合公司主要适用的法律是《民法典》和《商事公司法》。

无限公司是两个以上自然人设立的公司，具有独立法人地位。其有别于有限责任公司和股份公司的主要之处在于，在公司的财产不足以清偿公司债务时，其股东要承担连带清偿责任，债权人可以追索股东所拥有的按照法律规定可追索的全部财产。无限公司的最低注册资本额为25个月核算指数。月核算指数是指哈萨克斯坦财政部规定的用于税收和其他财政应缴费的核算单位，根据国家财政政策和居民收入水平的变化进行定期调整，并公布在国家预算案中。根据哈萨克斯坦2012~2014年共和国《国家预算法》第9条的规定，自2012年1月份起每个月核算指数为1 618坚戈。2011年为1 512坚戈。目前的最低工资标准是17 439坚戈。

两合公司是指由至少一个以上对公司债务承担无限连带责任的股东和一个以上对公司债务承担有限责任的出资人创立的公司。无限责任股东负责公司的管理事务。公司的最低注册资本额为50个月核算指数，承担有限责任出资人的出资不能超过公司注册资本的50%。在公司进行清算时，如果公司的财产不足以清偿公司全部债务，承担有限责任的出资人不再承担责任，债权人只有权向无限责任股东要求清偿。如果公司设立文件没有不同规定，公司清算时，承担有限责任的出资人对于公司剩余财产的分配具有优先权。

（二）有限责任公司

有限责任公司是由一个或几个发起人股东设立的公司，其注册资本由设立文件分为一定金额的份额。如果有限责任公司的设立文件没有规定其存续的期限和确定的目的，则该公司为无期限公司。

有限责任公司最初的注册资本由发起人的出资构成，其数额不得低于提交注册文件之时的100个月核算指数。注册资本出资可以是货币、有价证券、财产权利，其中包括土地使用权和智力活动成果权及其他财产（依照哈萨克斯坦共和国立法注册资本完全由货币构成的各种专业金融公司除外）。人身非财产权利和其他非物质权益不能作为注册资本出资。

发起人（股东）以实物或财产权形式作为注册资本出资，由所有发起人协商或股东会议决议评估作价。如果这一出资超过20 000个月核算指数，则其评估作价应由独立专家确认。如果所交付的出资为财产使用权，则这一出资的数额应按照公司设立文件中标明的整个使用期计算。未经股东会同意，不得提前抽出注册资本中作为出资的财产。如果设立文件中未有其他规定，交付公司使用作为注册资本出资的财产灭失或损毁的风险，由财产所有权人承担。新股东加入公司或老股东退出公司所引起的注册资本金额的变化，都会导致股东注册资本份额比例的相应变化。

有限责任公司注册资本出资，在进行注册登记之前应不少于注册资本金额的25%，并不得低于最低注册资本限额。全体股东必须在股东会决议确定的期限内足额交付出资，这一期限不得超过公司自注册登记日起的一年。

如果股东的出资是实物，而该实物只有经过一段时期才能交付使用，则可以根据股东会决议将该笔出资作为该股东对公司的长期债务，自收到标明出资性质、货币估价和交付期限的公证文书之日作为交付出资日期，但这一期限不得超过3年。

足额交付出资的股东有权获得公司的出资证明。

在公司成立前，发起人以货币作为注册资本的出资，应将货币转入发起人之一在银行开设的储蓄账户，在公司成立并开设账户后，该股东应在5个工作日内将这些资金转账到公司账户，如有违反，应向公司支付违约金，设立文件可以规定其他超期后果。

股东间可以相互转让所持有的公司注册资本份额，也可以相互抵押份额，为自己的债务提供担保，而无须经过其他股东的同意。抵押应经抵押登记。但如果公司设立文件规定了股东所持份额的最高比例，则应当遵守相应规定。

如公司设立文件未有其他规定，股东可以将自己的份额转让给第三人，也可以向第三人进行抵押，对自己的债务提供担保。公司设立文件可以规定向第三人转让或抵押份额的条件。

公司设立股东会，是公司的最高权力机构。董事会是公司的执行机构，可以是独任制的，也可以是委员会制的。公司的监督机构由公司章程规定，可以设立监事会、监察委员会（监察人）。如果不设立监察委员会或监察人，对公司执行机关活动进行监督的职能则完全由监事会行使。监事会成员由股东会选举产生，不得同时兼任执行机关的职务。

有限责任公司在一定的条件下可以进行清算（撤销）。有限责任公司可根据股东会决议进行清算。在以下情形下应当依照法院的判决对公司予以清算：（1）破产；（2）公司登记被认定不合法，且不可消除；（3）从事未经许可（许可证）或立法文件禁止的行为，或存在多次严重违反法律规定的行为；（4）立法文件规定的其他情形。

作为有限责任公司唯一股东的法人实施清算时，该有限责任公司也应当进行清算，法院根据对公司发起人进行清算的清算委员会的申请指定清算委员会，也可以由利害关系人提出申请。对公司进行清算也可以由公司实施，或由公司的全权机关、公司设立文件确定的机关、或法院指定的其他机关实施。

（三）股份公司

股份公司是指以营利为目的从事活动而发行股份的法人（《股份公司法》第3条）。

在哈萨克斯坦的股份公司中有一种叫作公共公司（Публичная компания），类似于我国股份有限公司中的上市公司。这种公司应符合下列条件：公司应在未组织和（或）有组织的证券市场向不特定的投资者发行普通股；占发行普通股总股本30%股份的每个股东所持股份不高于5%；其普通股的交易数量应符合相应管理机关的要求；公司股份应在哈萨克斯坦境内的证券交易所登记，或列入在阿拉木图的交易平台清单之中。

公司被认定或撤销公共公司的法律地位由权力机关根据公司的申请按照法定程序进行。不遵守法律规定、不符合法定条件，公司会丧失公共公司的地位。

自然人和（或）法人可以决定设立股份公司。国家机关和国家机构不能成为股份公司的发起人或股东，法律另有规定的除外。根据哈萨克斯坦政府、地方行政机关的决定，被授权机关可以作为股份公司的发起人管理公司财产。国有企业只有在主管国家机关许可的情况下才能作为股份公司的发起人。

股份公司可以由一个发起人设立；公司发起人对在公司进行国家登记之前所发生的费用承担连带责任；如果股东大会批准，这些费用也可以由公司承担。

股份公司的最低注册资本限额为相应财政年度哈萨克斯坦共和国法律确定的 50 000 个月核算指数。对此最低限额要求不适用于作为私有化投资基金开展活动的公司。

公司股东大会为公司的最高机构。董事会为执行机构，可以采用委员会制和独任制。曾在国家机关中对公司行使监督权能的公职人员，在解除相关权能之后的一年内不得担任公司管理人员。

二、税法

（一）税收立法概述

自 20 世纪 90 年代以来，哈萨克斯坦加强了税务立法。目前实行的是2001年6月12日颁布施行并于2009年、2011年进行修订的《纳税及其他强制核算费用法（税法典）》（以下简称《税法典》）。

《税法典》以欧盟的税制原则为基础，不仅降低了非资源经济领域的税负，也降低了资源领域的税负。《税法典》旨在为建设现代化和一体化的国民经济创造有利条件，完善优化税收优惠结构和实现法律的直接作用原则，完善税务管理体系。《税法典》强化了税收行政管理，避免了法律条文重复，消除了法律中各种规定相互矛盾和不一致的地方，增加了可操作性。

《税法典》规定有以下税费：（1）个人所得税：根据个人年收入总额分档次纳税，税率为5%～30%。（2）法人所得税：按照年度总收入减去税法规定的扣除项目后的金额的30%的比例纳税，其中经济特区内的法人所得税为20%。（3）财产税：财产税的对象是除交通工具以外的基本生产性和非生产性资产，税率为1%。（4）增值税：税率为16%。（5）消费税：销售酒类、烟草、鲟鱼、黄金及白银首饰、原油和成品油等商品需缴纳数额不等的消费税。（6）社会税：工资额的21%。（7）道路税：法人年收入的0.2%。（8）社会保障费：工资额的1.5%。（9）职工社会义务保险税：工资额的30%，其中85%用于退休基金，10%用于医疗保险，5%用于社会保险金；外国公民不需缴纳退休基金。（10）红利税：所得红利的15%。（11）利息税：所得利息的15%。

（二）进口税收制度

自2010年1月1日起，俄罗斯、白俄罗斯、哈萨克斯坦三国关税同盟开始运转，自此，哈萨克斯坦的进口税收体制统一归属到关税同盟的框架之下，统一实行三国共同制定的海关制度。

按照现行《海关法》的规定，哈萨克斯坦海关有三种不同的关税征收方式：从价税、从量税和混合税。哈萨克斯坦进口关税税率通常每年调整一次，从价税税率为0～100%不等，约95%以上的进口产品从价税税率为0～15%，加权平均税率约为8.6%。除关税外，还征收进口增值税，税基是进口货物的清关价值和海关关税之和，税率为15%。部分消费品，包括各种酒类及酒精、香烟、鱼子酱、汽油（不包括航空油）、柴油、汽车等产品的进口还征收消费税。哈萨克斯坦海关还对每笔进口产品收取50～70欧元的清关费用。

根据2008年12月23日公布的政府令，自2009年1月1日起，凡其他国家、政府和国际组织提供的用于人道援助和慈善目的的进口商品，包括提供的技术援助，一概免征增值税，但应征消费税的商品除外。另外，用其他国家、政府和国际组织提供的资金购买的进口商品也免除增值税，生产货币的原料亦在免征增值税之列。进口药品和医疗用品也免征增值税，包括药品、医疗（兽医）用品、修复整形用品、聋哑盲人器械和兽医器械，以及用于生产医药用品的材料、设备和配套设施等。

（三）涉外税收优惠

1. 投资税收优惠。哈萨克斯坦在改革之初实行鼓励外商投资政策，在工贸部下专设投资委员会负责吸引外商投资和鼓励内外投资事务，并颁布实施《哈萨克斯坦共和国对直接投资项目的国家优惠政策法》。为落实该法的具体实施，国家投资委还于1997年3月21日批准施行了《在哈萨克斯坦拥有优先发展地位的经济部门实施投资计划时向投资委申请国家优惠、特惠政策细则》，对按照该法规定投资委接收投资者申请报告的具体程序作出规定。该细则适用于以在拥有优先发展地位的经济部门实施投资计划为目的，并希望获得优惠、特惠政策的自然人、法人或财团投资者。

2. 外商投资税收优惠政策的逐步取消。随着经济的发展，尤其是 2008 年金融危机以来，哈萨克斯坦对外商投资的需求逐渐减少，相关外商投资优惠政策也随之取消，转而采取对内外投资者一样的鼓励政策。

哈萨克斯坦于 2003 年颁布了新的《投资法》，规定了政府对内、外商投资的管理程序和鼓励办法。国家通过政府授权机关——哈萨克斯坦工贸部投资委员会鼓励投资流向优先发展领域，并为国内外投资人提供优惠政策。根据新的《投资法》，外资无特殊优惠，内、外资一视同仁。

鼓励投资的优惠政策包括三种形式：减免税，免除关税，提供国家实物赠与。投资优惠期（含延长期）最长 10 年。减免税的对象主要是财产税和利润税。免除关税的期限（含延长期）最长 10 年，适用对象为投资项目所需设备的进口关税。

在投资者权益保障方面，规定投资商可以自行支配税后收入，在哈萨克斯坦银行开立本外币账户；在实行国有化和收归国有时，国家赔偿投资商的损失；可以采取协商、通过哈萨克斯坦法庭或国际仲裁法庭解决投资争议；第三方完成投资后，可以进行投资商权利转移。

为保持投资鼓励政策的延续性，投资法明确在其生效前"同授权国家投资机关签订的合同提供的优惠保留到该合同规定期满"，解除了现有外资企业的后顾之忧。

《税法典》取消了以前所有对外国投资者的税收优惠政策。也就是说，从 2009 年 1 月 1 日起，在税收问题上，没有"外国投资者"和"本国投资者"之分，一律国民待遇，大家都只享受一条税收特惠：允许投资者在 3 年内均等地、或是一次性地从公司所得税中扣除投资者当初投入到生产用房产、机械设备上的资金。从"产出"中拿够了相当于投资者"付出"的部分之后，一切都要按章纳税。以前的"10 年免企业所得税、5 年免财产税和土地税……"等税收优惠，在新税法中均被取消。至此，

第二章 哈萨克斯坦法律制度概述

哈萨克斯坦对外资的"优惠"正式成为历史。

对于外国投资者来说，税收优惠没有了，但是关税优惠条件仍然保留。根据2003年《投资法》的规定，凡与工贸部投资委员会签订了投资合同的外国投资者可以享受以下特惠：（1）投资者进口生产用设备免关税；（2）国家可以给予外国投资者以土地使用、房产、机械设备、计算机、测量仪器、交通工具（小汽车除外）等方面的一次性实体资助。

3. 新税法实施后的现行税率。

（1）企业所得税税率——15%。企业所得税税基抵扣项目包括在用建筑、设施、机械和设备。《税法典》取消了中小企业预付企业所得税的规定，如企业出现亏损，可在10年内摊销亏损，即在缴纳企业所得税时抵扣（以前的摊销时间为3年）。

（2）增值税税率——12%。在增值税缴纳方面，《税法典》增加了由国家财政返还供货方和购货方已纳增值税之间差额部分的规定，即所谓"借方差额"的退税机制，并从2012年1月1日开始正式实施。

（3）个人所得税——10%。除个人自己缴纳个税外，雇主还应当为其雇员支付社会税（养老、医疗等一揽子税种）。《税法典》颁布前社会税是个烦琐税种，税率从5%~13%不等，计算起来比较复杂。《税法典》将社会税统一规定为11%。

（4）3年内对烟酒等实施统一消费税。《税法典》颁布以前，消费税的标准由政府令确定，缺乏稳定性。《税法典》规定在3年内实施统一税法，保持税率的稳定性。

（5）从2009年1月1日起，凡缴纳"矿产开采税（НДПИ）"和"矿产出口收益税（рентный налог）"的矿产企业不必再缴纳出口关税。

三、知识产权法

哈萨克斯坦效法俄罗斯，将有关知识产权的立法内容纳入《民法典》中一并规定。在债编之后，紧接着规定了知识产权，即第五章"知识产权"（第961~1037条）。除一般规定外，知识产权一章规定了著作权、邻接权、发明、实用新型、外观设计、育种成果权、集成电路布图设计、秘密信息和技术秘密保护、企业名称、商标、商品原产地名称等内容。

除《民法典》之外，哈萨克斯坦保护知识产权的主要法律依据还有1996年6月10日颁布的《版权与著作权法》。在国际版权方面，哈萨克斯坦还加入了1971年7月24日签署的《国际文学和艺术作品保护伯尔尼公约》、1996年12月20日签署的《涉及版权法保护某些作品类单独法规的世界知识产权组织协议》以及其他保护知识产权的国际法规。

按照哈萨克斯坦《版权与著作权法》的规定，版权法涉及的范围包括：文学作品，戏剧，音乐剧作品，剧本，舞蹈和哑剧作品，计算机软件，音乐作品或无文字音乐作品，视听作品，绘画，雕塑，版画和其他造型艺术作品，实用艺术，建筑，市政建设和公园艺术作品，摄影作品和类似摄影手段的作品，地图，平面图，草图，插图，地理、地形和其他科学的三维作品以及其他作品。

知识产权分为人身非财产权利和专属权利。人身非财产权利没有期限限制，并不得转让。专属权利为财产权，可以通过许可合同转让给第三人使用。许可合同可以为具有排他性许可，亦可为一般性许可，由具体合同予以规定。

按照哈萨克斯坦《版权与著作权法》的有关规定，版权归版权所有人拥有，终身有效，并在其辞世后50年内有效。发明权、名称权和名誉权的法律保护没有期限限制。

哈萨克斯坦法律承认并保护知识产权，有责任根据法律赋予的权力制止侵权行为。知识产权所有人有权要求侵权者赔偿侵权行为给产权所有人带来的所有损失，追缴违反版权和著作权非法获得的所有收入。赔付补偿额为最低工资额的2~5倍。

四、环保法

哈萨克斯坦近年通过的有关环境保护的主要法律法规有：2003年6月20日颁布的《土地法》、2003年7月8日颁布的《森林法》和《水法》、2003年12月3日发布的《2004~2015年生态安全总统令》、2007年1月9日颁布的《生态保护法》等。

在哈萨克斯坦经营的中资企业应特别关注的环保法规主要涉及以下几个方面：

首先，禁止在国家林场砍伐成材林，采伐权必须经过程序严格的招标和申领许可证获得。树木砍伐必须是保护性的，砍伐与种植结合，做到砍伐与种植并举。

其次，凡违反生态保护法的人，必须依法进行损害赔偿。损害的范围涉及环境、公民健康、公私财物等，应赔偿的事项具体包括自然资源的灭失和损害；对自然资源肆意浪费；肆意污染环境，包括丢弃危害物质和随意放置生产和生活垃圾；招致排放和污染。

再次，禁止油气开采企业放空燃烧。哈萨克斯坦《地下资源和地下水资源利用法》规定，从2005年1月1日起，在石油开发业务中禁止放空燃烧伴生气。在未对伴生气和天然气进行有效利用的情况下，禁止对油气田进行工业开采。

最后，加强水体保护。严格限制企业向自然水域排放污染物；保护地表水，对地表水和土壤易造成污染的工业废弃物必须进行封存处理；污水处理必须依法进行。

另外，凡违法造成的环境损害，当事人应该立即消除损害或者用其他方法进行赔偿。当事人必须以保函方式承诺消除损害和赔偿事宜；损害赔偿可以由当事人以自有财产进行赔偿，也可以保险方式赔偿；赔偿金的确定和赔偿范围包括：恢复到损害前的生态状态，恢复工作的实施费用和原告的权益损失，赔偿必须以货币的形式进行；经双方协商一致和法院裁决，赔偿可以由被告通过恢复环境原貌的办法进行；以恢复自然环境原貌的方式进行赔偿必须做到与破坏前完全一样，而且应订立合同或协议书，规定恢复原貌的时间、条件和期限；被处罚的款项收缴国库；对破坏环境的损害赔偿不能解除当事人因此承担的行政和司法责任。

五、海关法

2010年6月30日哈萨克斯坦颁布施行的《海关法》共504条，规定哈萨克斯坦的法律、经济和组织原则旨在维护国家主权和安全，在世界和平经济关系体系中积极主动加强经济联系，并促进国家对外经济活动的自由化；规定海关机关及其权利、义务、职责；在实行海关监管过程中海关机关与其他国家机关之间的相互协助关系以及与外国和国际组织间的合作。除《海关法》外，调整海关事务关系的法规还包括根据法典制定颁布施行的其他规范性法律文件。

自2010年1月1日起，哈萨克斯坦实行俄罗斯、白俄罗斯、哈萨克斯坦关税同盟统一海关制度。关税同盟规定：自统一关税区建立之日起，成员国之间相互贸易将取消关税、商品数量限制以及其他限制措施，但不包括保障措施、反倾销和反补贴措施，以及为维护公共道德、人员和动植物的生命和健康、保护自然环境和文化价值而采取的出口或进口禁止性和限制性措施。考虑到

第二章 哈萨克斯坦法律制度概述

成员国不同的经济发展水平和产业利益需求，关税同盟委员会特地为哈萨克斯坦、白俄罗斯两国（主要是哈萨克斯坦）的部分进口商品做了例外安排，设置了过渡期。根据达成的协议，除自由经济区（哈萨克斯坦"特别经济区"）区内企业享有的海关进口保税政策外，其他所有例外和过渡期都将于2015年结束。运入哈萨克斯坦境内的货物和运输工具，在到货地点口岸办理海关清关手续。从哈萨克斯坦运出的货物，在发货地点口岸办理相关手续。法律对通关程序有一系列的规定，适用于所有经过哈萨克斯坦海关的货物。

另外，自2011年7月1日起，关税同盟（俄罗斯、白俄罗斯、哈萨克斯坦）成员国间已完全取消了海关关卡，仅保留了边防，同盟统一关境已宣告形成。与此同时，哈萨克斯坦为了与俄罗斯关税（统一关税税率）水平保持一致，决定提高321种商品的进口税，并将对321种商品中的88种（其中44种为药品）采用认证方式进行监管，对有争议的铁路机车车辆的进口将以登记方式监管。另外，哈萨克斯坦还准备对有争议的工业温室、金属薄片及聚合物进口实行特别进口商配额制。

第三章

哈萨克斯坦外国投资法律制度

第一节 哈萨克斯坦外资政策

一、外资鼓励政策

（一）政策措施

哈萨克斯坦自独立以来，坚持奉行积极吸引国外投资的政策，并加强了有关立法工作。1994~2003年，哈萨克斯坦先后颁布施行了《外商投资法》（1994年）、《国家支持直接投资法》（1997年）、《哈萨克斯坦吸引外国直接投资的优先经济领域的清单》（1997年）、《与投资者签订合同的优惠政策》和《投资法》（2003年）。这些法律规定了外国投资的管理程序和鼓励措施以及税收优惠等内容，对外国资本以直接投资方式进入哈萨克斯坦各经济领域发挥着引导和促进作用。

根据2003年1月8日通过的《投资法》的规定，凡与哈萨克斯坦投资委员会签订投资合同的外国投资者均可享受以下特惠政策：（1）投资者进口生产用设备免关税；（2）哈萨克斯坦可以给予外国投资者以土地使用、房产、机械设备、计算机、测量仪器、交通工具（小汽车除外）等方面的一次性实质性资助。

（二）投资主管部门

哈萨克斯坦工业与新技术部下属的投资委员会是哈萨克斯坦外商投资主管部门，主要职责是实施国家有关保护、支持和监督投资活动的政策。该委员会负责接受和登记投资者要求提供优惠的申请，决定是否给予其投资优惠，并负责与投资者签署相关文件、登记或废止有关提供其投资优惠的合同，并监督有关优惠政策的执行。

（三）鼓励外资优先行业

哈萨克斯坦2003年的《投资法》制定了政府对内、外商投资的管理程序和鼓励办法。根据新的规定，国家对外资无特殊优惠，内外资一视同仁；鼓励外国投资者向优先发展领域投资，包括农业、林业、捕鱼业、食品、纺织品、服装、毛皮、皮革加工和生产、木材加工及木制品生产、纸浆、纸张、纸板生产、印刷及印刷服务、石油制品生产、化学工业、橡胶和塑料制品生产以及其他非金属矿产品生产、冶金工业、金属制成品生产、机器设备生产、办公设备和计算机生产、电力机器设备生产、无线电、电视、通讯器材生产、医疗设备、测量工具、光学仪器设备生产、汽车、拖车和半拖车生产、水处理、建筑、宾馆和餐馆服务、陆上运输、水运、航空运输业、教育、卫生和社会服务、休闲娱乐、文体活动等。哈萨克斯坦鼓励外商投资，没有特别的行业限制，但特别鼓励外商向非资源领域投资。

2003年5月，哈萨克斯坦颁布了《哈萨克斯坦共和国享受投资优惠优先投资活动种类清单》，详细列明了可以享受优惠和特惠政策的投资领域。

（四）地区鼓励政策

哈萨克斯坦近年来陆续建立了一些经济特区、技术园区和工业园区，积极吸引外资，促进技术进步，推动本国制造业发展，带动地方经济增长。其中，经济特区6个，国家级科技园区6个，地区级科技园区3个，工业园区7个。但自从新税法实施及俄罗斯、白俄罗斯、哈萨克斯坦关税同盟开始运转后，这些特区和园区都面临如何与新形势接轨的问题。目前，哈萨克斯坦政府正在制定新的《特区经济法》，将对有关优惠政策作出新的界定和调整。

二、对外资的限制政策

（一）需要行政许可的行业种类

哈萨克斯坦2007年颁布了《行政许可法》，其中第11条规定了应当获得行政许可的行业种类，包括：工业，核能利用，有毒物品的流通，技术安全，运输，毒品、麻醉品、精神物品流通，信息安全保障，实施侦察措施的专门技术手段，武器、军事技术和特种武器装备、爆炸物及其制品，外空空间利用，信息化和通讯，教育，大众传媒，农林业和土地整治、大地测量和地图绘制，医疗保健，自然人和法人服务，博彩业，兽医学，司法鉴定，文化，金融业和与集中金融资源有关的活动，建筑和城市建设，哈萨克斯坦共和国国家标志制作，海关事务，烟酒类制品的投产和流通，外汇业务，进出口业务。从事这些行业应当获得许可的要求既适用于本国企业，也适用于外国投资企业。

（二）国家优先权

2005年，哈萨克斯坦对有关地下资源利用法规进行了修改，主要表现在通过了三个法规：《地矿和地下资源利用法》、《民族安全法》和《石油法》，目的是限制外国公司将资产出售给第三方，确保政府在所有地下资源项目股份向第三方出售中享有优先购买权。当与哈萨克斯坦签订地下资源利用合同的公司的一个股东的股份比例大到可以独立做出经营决定的程度，即被认为是"集权"。2005年修改的《矿产法》规定，如果地下资源利用权的转让（如发生"集权"）不符合国家安全的要求，哈萨克斯坦能矿部有权拒绝发放许可证。2007年8月哈萨克斯坦出台的《关于保障经济领域国家利益问题的民法补充和修正案》中还增加了"战略标的物"的概念，规定在战略标的物交易中哈萨克斯坦政府具有优先购买权。同时，国家不仅可以优先购买矿产开发企业所转让的开发权或股份，还可以优先购买能对该企业直接或间接做出决策影响的企业所转让的开发权或股份。2007年11月哈萨克斯坦新修订的《矿产和矿产资源使用法》引入了"战略资源区块"的概念，规定若在具有战略意义区块上的油气合作活动影响了哈萨克斯坦经济利益并威胁到国家安全时，哈萨克斯坦政府可单方面拒绝执行、修改或终止合同。这些规定对外国投资者进入和退出哈萨克斯坦矿业，尤其是收购其矿产企业构成了实质性障碍。

（三）新税法取消税收优惠

2009年《税法典》还提高了超额利润税征收办法，将超额利润税税率由原来的4%~30%提高到15%~60%；取消了原石油合同中规定的税收稳定条款，石油公司综合税由49%上涨到62%（国际油价按60美元测算）。

（四）哈萨克斯坦含量

2004年哈萨克斯坦政府提出"哈萨克斯坦含量"的概念，即"执行合同过程中雇用的哈萨克斯坦不同等级员工与外国员工的比例"，且外国员工的数量"随着培训和提高哈萨克斯坦员工专业水平强制计划的实施应逐年减少"，目的是大力推行由进口替代政策向出口导向和国际标准化过度的政策。政府希望实现出口商品的多元化，提高附加值产品和服务的比重，通过培养和培训提高干部的专业素质，以最大限度地取代外国专家。"哈萨克斯坦含量"除人员外还包括商品、工作和服务。2007年6月出台的《政府采购法》要求在材料采购招标过程中，商业报价相差不超过20%时，优先选用当地供应商和承包商。近年来，有关"哈萨克斯坦含量"的内容已从温和宽松的规则演化为强制性的政策。

2009年1月21日，哈萨克斯坦颁布了《关于企业和国家机关采购商品、实施工程（服务）过程中"哈萨克斯坦含量"的若干问题的规定》，并制定了有关采购商品、实施工程（服务）过程中"哈萨克斯坦含量"的统一计算方法。计算方法适用对象为：（1）国家机关、部门、企业、法人、权益占50%及以上的公司及其关联公司的法人，依据哈萨克斯坦共和国《政府采购法》实施商品采购、工程（服务）的经济实体或企业法人；

(2) 国家直属控股集团、国家控股集团、国家公司及其子公司和关联公司、其他国家参股法人；(3) 经哈萨克斯坦共和国《矿产资源和矿产资源利用法》规定的矿产资源利用者和（或）矿产资源利用者授权进行商品、工程（服务）的个人；(4) 哈萨克斯坦政府批准的符合哈萨克斯坦含量监控的企业。

根据该办法，完成工作和提供服务的哈萨克斯坦公司须为哈萨克斯坦注册的自然人和（或者）法人，并且在完成工作和提供服务时使用当地劳动资源不少于95%。提供商品的哈萨克斯坦生产商须为哈萨克斯坦注册的自然人和（或者）法人，商品包括：生产的农产品和农产品加工的食品；50%以上的零件（材料）在哈萨克斯坦生产（非组装）的成品，和（或者）符合法律规定的充分加工标准的在哈萨克斯坦加工的成品。[1]

"哈萨克斯坦含量"是哈萨克斯坦发展和鼓励国内经济的一项保护措施。同时，哈萨克斯坦政府对于外来投资者提出更多的要求，如要求矿产资源利用者每年须提出年度预算1%的资金用于当地雇员的培训；要求企业中一般员工当地化等。

（五）限制外资进入领域

哈萨克斯坦的投资限制主要体现在服务贸易、矿产、本国含量、建筑业、土地、劳务许可和签证几个方面。

1. 服务贸易领域的限制。服务贸易领域的限制主要在通讯、银行业、保险和大众传媒方面。在通讯业，哈萨克斯坦2004年颁布的《通讯法》规定，在2008年以前，外国投资者持有经营城际和国际电讯干网的合资企业股份不得超过49%。在处理外国投资者的许可申请时，可以"国家安全"为由予以拒绝。

哈萨克斯坦对外资银行的准入仍有限制性规定，外资银行的

---

[1] 参见柳文秀：《"哈萨克斯坦含量"解析及对策研究》，载《内蒙古石油化工》2012年第1期。

资本份额不得超过国内所有银行总资本的25%。哈萨克斯坦实行两级银行体系。国家中央银行是一级银行，其他银行为二级银行，属于商业银行。哈萨克斯坦全国共有38家二级银行。哈萨克斯坦还规定外国合资银行的监事会中必须有一名具有3年以上银行工作经验的本国公民，并且70%以上的员工必须为本国公民。

在保险业，哈萨克斯坦《保险法》规定，所有合资非人寿保险公司的总资本份额不得超过哈萨克斯坦本国非人寿保险市场总资本的25%，合资人寿保险公司的总资本份额不得超过人寿保险市场总资本的50%。

在大众传媒业，企业的外资持股比重不能高于20%。此外，外资在建筑合资企业中的持股比例不得超过49%。

2. 证券投资限制。根据哈萨克斯坦《有价证券市场法》，符合以下条件的外国法人可以参与哈萨克斯坦证券市场：是加入国际证券交易所联合会的证交所的成员；拥有哈萨克斯坦全权机关颁发的从事经纪业务的相关资格证照。只有两国负责经纪业务监管的全权机关签署合作与信息交流国际协议、相互承认经纪业务许可的情况下，外国法人才可进行证券交易。

3. 矿业投资限制。哈萨克斯坦于1992年颁布了《矿产资源法》，旨在调整矿产资源的所有权及开采、加工、利用和矿产资源的地质研究及其保护的权利，并规定关于矿产资源的权属规定及其使用者的基本权利义务以及从事地质研究和矿产开发的许可证制度。

1991年2月1日哈萨克斯坦颁布了《石油和天然气外国投资法》，为外国投资者在哈萨克斯坦参与石油和天然气勘探、开发利用和生产确定了广泛的法律、经济和社会基础。

1996年1月27日哈萨克斯坦颁布了《地下资源和地下资源利用法》，并于1999年9月1日生效。该法包括总则、地下资源利用管理机关、地下资源利用权、勘探与开发许可、勘探与开发合同、地下资源及环境保护、人身及人员安全、地下资源的国家参与、法律条件及附则等内容。

根据相关规定，外国投资者在哈萨克斯坦境内开发海上石油时，在项目投资回收期前，哈萨克斯坦国家所占的利润份额最低为10%；投资回收期后，哈萨克斯坦国家所占的利润份额最低为40%。在超额利润税协议下，外国投资者必须缴纳15%～60%不等的超额利润税。2005年修改的《海上石油业务产品分成协议法》规定，在海上石油项目中，哈萨克斯坦国家石油天然气公司所占的比重不能少于50%。对《石油法》的修改，赋予了哈萨克斯坦国家油气公司一系列权利。2005年哈萨克斯坦修改的有关矿产资源利用法规定：政府在所有矿产资源项目股份向第三方出售中享有优先购买权，其目的在于限制外国公司将资产转让给第三方。2007年出台的《关于保障经济领域国家利益问题的民法补充和修正案》中还增加了"战略标的物"的概念，规定在战略标的物交易中哈萨克斯坦政府具有优先购买权。

4. 土地投资限制。2003年颁布的《土地法》规定，哈萨克斯坦本国公民可以私人拥有和租赁农业用地、工业用地、商业用地和住宅用地，但是外国个人和企业只能租用土地，不能取得相应的土地所有权，只能是使用权，且期限不得超过10年。[①]

（六）劳务许可办理限制

从2008年6月2日起，哈萨克斯坦开始实行引进外国劳务的新标准，即在原来的基础上加入了受教育水平、工龄和工作经验的要求，对劳务许可申请文件和办理程序也提出了新的要求。只有获取劳务许可才能办理工作签证。哈萨克斯坦工作签证办理程序复杂，周期很长（3个月左右）。

---

① 参见段秀芳、胡国良：《哈萨克斯坦投资政策特点及外商直接投资现状》，载《俄罗斯中亚东欧市场》2010年第1期。

第二节 哈萨克斯坦外资法律体系及外资法基本内容

一、外资法律体系

哈萨克斯坦涉及投资的法律主要有《投资法》、《海关事务法》等。此外，还包括1995年颁布的《工商登记法》，2000年颁布的《劳动法典》，2001年颁布的《税法典》、《外汇调节法》、《许可法》、《标准法》、《补贴与反补贴法》、《反倾销法》、《保障措施法》、《专利法》、《商标、服务标记及原产地名称法》、《版权与著作权法》、《集成电路布图设计保护法》、《不公平竞争法》、《银行及银行活动法》、《融资租赁法》、《金融市场及金融机构监管法》、《建筑法》、《电讯法》、《反垄断与价格法》等。

除此之外，哈萨克斯坦政府还针对具体事项出台了相关的规章条例，例如，《关于雇主向哈萨克斯坦共和国引进外国劳动力许可的限额确定、发放条件和程序的条例》规定投资活动中取得在哈萨克斯坦工作签证、劳动许可证的程序和方法，《外汇业务的条例》规定办理外汇业务程序和必要文件，以及《对直接投资项目的国家优惠办法》、《优先发展经济部门实施投资计划向投资委申请国家优惠、特惠政策细则》、《外资纳税优惠条例》、《外资收购上市公司政策》、《银行开立、管理和撤销银行账户的条例》等制度细则。

另外，1997年哈萨克斯坦批准了关于投资者权利保障的《莫斯科公约》，加入了国际投资争端解决中心，与英、美、法、俄等多个国家签订了互相保护投资的双边协议。在法律适用上，如果哈萨克斯坦所签署的国际条约与本国法不相一致的，优先适用国际条约的规定。

以上这些法律法规和国际条约协定等，构成了哈萨克斯坦有关投资的法律体系。

二、外资法的基本内容

(一)《投资法》(2003年)

2003年4月8日哈萨克斯坦颁布了新的《投资法》，1994年和1997年先后颁布的《外资法》和《国家支持直接投资法》同时废止。新《投资法》共四章24条，规定哈萨克斯坦政府对投资，包括外商投资的管理程序和鼓励办法。新《投资法》规定，国家通过实施特惠政策，通过政府授权机关鼓励流向优先投资领域的投资。授权机关即指哈萨克斯坦工贸部投资委员会。

与原投资立法相比，2003年《投资法》取消了对外资的特殊优惠待遇，对内外投资者一视同仁，提供统一的法律框架和优惠措施。尤其是取消了法律发生不利变化时的保护以及在缺失仲裁条款时同意采取仲裁方式解决争议的保护，同时又延续了以下几项保护措施：合同稳定性、自由支配投资收入、国家保持投资政策透明、国有化和征收情形下的损害补偿、可以协商通过哈法庭或国际仲裁法庭解决投资争议、在第三方完成投资后可进行投资商权利转移等。为保持投资鼓励政策的延续性，新《投资法》明确规定，在其生效前同"授权国家投资机关签订的投资合同提供的优惠待遇保留到该合同规定期满"，解除了现有外资企业的后顾之忧。

新《投资法》规定，国家授权哈萨克斯坦工业与新技术部投资委员会制定特殊优惠政策，鼓励优先投资领域的直接投资。鼓励投资政策的实施程序同以前大体相同，即由投资委员会同投资商签署投资合同明确给予的优惠条件。但新《投资法》没有明确优先投资领域清单。2003年5月8日，哈萨克斯坦政府出台了执行新投资法的配套措施，批准了优先投资领域清单，明确优先投资领域主要包括特种设备制造、药品食品、冶金、农业和建筑等。

新《投资法》规定，从事优先投资领域投资的投资者在满足一定条件的前提下，有权通过与授权机关签署合同，享受关税豁免、国家实物赠与、税收投资优惠三种形式的特惠政策。关税豁免指对投资项目所需的哈萨克斯坦境内不生产、生产不足或不能满足投资需要而进口的物资免除关税，豁免期限最长为5年；国家实物赠与的内容包括房屋、设备、机器等财产的所有权以及土地使用权，赠与的价值不得超过投资总规模的30%；税收投资优惠最长期限为5年，但已经适用特别税务制度的法人活动、根据土地使用合同进行的活动、通过国家实物赠与形式提供的资产不得享受税收投资优惠。

特惠政策是哈萨克斯坦鼓励投资优惠政策最具特色的地方。投资委员会有独立决定投资特惠的广泛权限。提供投资特惠的条件包括：属于投资特惠所规定的优先项目；法人在固定资产的新建、扩建和生产方面采用现代化技术的投资；提供证明实施申请投资项目的财务资金、技术和哈萨克斯坦法人公司能力的必要文件。

在投资者权益保障方面，规定投资者可以自行支配税后收入，在哈萨克斯坦银行开立本外币账户，在实行国有化和收归国有时，国家赔偿投资者的损失；可以采取协商、通过哈萨克斯坦法庭或国际仲裁法庭解决投资争议；第三方完成投资后，可以进行投资者权利转移。

此外，值得指出的是，新《投资法》扩大了"投资"概念的外延，增加了"租赁对象"这一客体。在投资争议的解决程序方面，新《投资法》首次明确规定投资争议可以经过国际仲裁法庭解决。这两点应该说是新《投资法》制定者做出的有利于投资商的规定。

（二）《直接投资项目国家优惠法》[①]（2009年）

哈萨克斯坦在2009年8月14日颁布了《直接投资项目国家优惠法》，该法适用于哈萨克斯坦对直接投资项目实施扶持政策过程中的相关事项。实施投资优惠政策的主管部门为哈萨克斯坦投资委员会。在实施过程中，投资人应与该委员会签订合同。

该法规定，国家为直接投资活动提供优惠政策的宗旨在于创造良好的投资环境，使拥有优先发展地位的经济部门能更快地发展商品生产，并加强其业务和提供服务的能力。

该法规定，哈萨克斯坦政府在实现上述宗旨的过程中所要实现的目的和完成的任务如下：引进新的工艺、技术、设备和专利；用高质量的商品和服务充分供给市场；发展以出口为目标和能够替代进口产品的生产企业；合理开采并综合利用哈萨克斯坦的原材料资源；引进经贸、商业服务、咨询等领域的先进经验；提供新的劳动就业机会与场所；建立不间断培训地方干部以提高他们专业水平的机制；为生产企业的集约化提供保障；改善周围的自然生态环境；发展拥有优先地位的经济部门。

该法规定，为提高投资项目的效益，投资委员会可提供下述优惠、特惠政策：提供国家的实物赠送；从签署合同之日起5年内100%降低（减免）所得税、土地使用税和财产税的基础税率，在后续的5年内降低（减免）所得税、土地使用税和财产税的50%的基础税率；对实施投资项目必需的进口设备、原材

---

① http://www.xjass.com（登录时间：2012年12月20日）。

料和物资实行全部或部分的免除关税政策。

优惠、特惠政策的提供还取决于直接投资额的多少，投资者承诺实现投资计划及其成本的回收期限的长短，投资项目所属经济部门的优先发展地位的高低及其他条件。

该法规定，哈萨克斯坦为保障投资者的利益能够提供的担保如下：在付清税款和其他必须支付的款项之后，获准投资者可以不受限制地支配自己在注册资本中的份额或拥有的经济公司（实体）的股票，或者自由汇兑自己在销售注册资本中的股份及经济公司股票的过程中所取得的利润或收入；由获准的投资者根据投资计划在哈萨克斯坦境内生产受到国家销售部门监控的原材料和商品，不受国家垄断控制；除在哈萨克斯坦具有法律效力的政府命令中已有预先说明之外，获准的投资者根据其投资方案，在哈萨克斯坦境内生产的原材料和商品的价格不受国家的监督与调节；获准的投资者因实施投资计划需要，可以在银行金融部门开立哈萨克斯坦货币和外国货币账户，可以把哈萨克斯坦货币兑换成外汇，也可把外汇兑换成哈萨克斯坦货币，国家对此不设置任何障碍，也不出台与获准投资者相关的其他新的限制措施；遵照哈萨克斯坦法律实施旨在维护投资者利益和提高其产品竞争力的海关关税调节措施；法律保障（维护）投资者在哈萨克斯坦境内的投资；除了在违反哈萨克斯坦法律之规定以外，国家政府部门及政府官员不得在获准投资者对其所有的财产实施管理工作中设置障碍。

在合同签署之后，如哈萨克斯坦法律有新的修改和补充内容，且这些内容使原合同的规定条款无法在未来得以实施，或使合同原有的经济目的发生本质的变化，则获准投资者与投资委员会可通过协商对原合同进行更改或修正。

投资委员会的基本职能如下：组织安排在哈萨克斯坦引进直接投资项目；在获准的投资者实施其投资方案过程中，协调哈萨克斯坦各部门配合其工作；负责办理批复、认可文件、许可证、签证和其他文件，以使投资者为实施每一个具体项目获得合法的权利；协助获准的投资者在哈萨克斯坦境内聘用工作人员，寻找投资者所需的商品和服务；对实施中的投资项目和对获准投资者的承诺实行监督。

为完成上述职能，委员会拥有下列权力：向投资者、中央和地方行政机关查询需要的一切信息资料；因鉴定申请报告和起草合同工作的需要，在哈萨克斯坦境内及国外的相关政府部门聘请自然人和法人专家、顾问、咨询人员、鉴定专业人员；为促进外国投资者参与哈萨克斯坦境内的引资项目，配合中央与地方政府行政部门和哈萨克斯坦驻国外外交机构开展协调工作；各部委和其他中央政府行政部门及地方政府行政部门在制定与起草合同、实施合同相关的决定时，以及发布对投资业务有限制作用的命令时，都须与投资委员会进行协商。

如合同未予规定，或与投资者未另签有关协议，则与投资有关的争议适用哈萨克斯坦法律。

（三）《地下资源和地下资源利用法》（2010年）

哈萨克斯坦于2010年修订了《地下资源和地下资源利用法》（以下简称《地下资源法》），取代了之前的旧《地下资源法》和《石油法》，成为规范石油天然气领域投资的重要立法。

新《地下资源法》规定，在地下资源使用者转让地下资源使用权或相关股权时，国家享有对相关权益的优先购买权，并且详细规定了国家优先购买程序。在地下资源使用者对哈萨克斯坦国家经济利益或国家安全造成实质影响的情况下，国家有权单方面修改地下资源使用协议的条款。值得注意的是，此规定只适用于"重要战略性自然资源储备"相关的协议。

新《地下资源法》规定，国家不再签订地下资源开放方面的产品分成协议，目前仅容许外资与国家在勘探和/或生产方面进行合作。但是，新生效法律对其颁布之前签订的产品分成协议不具有溯及力。

每年哈萨克斯坦政府都会颁布待开发的地下资源矿田名单，并进行招标。参与竞价的石油与天然气开发者需向石油与天然气部提交申请。竞拍过程可以是公开的，也可以不公开书面进行。

新《地下资源法》列明了以下类型的地下资源开发协议：勘探协议；开发协议；勘探开发协议；勘探开发之外的工程建设合同和/或地下设施利用协议；国家地下资源地理勘察协议。

勘探协议期限一般为6年，生产合同期限一般为25年，大型资源储备油田的开发协议期限一般不超过45年。在没有违约的情况下，此类协议可以在到期6个月前延展。2010年12月25日之后，根据哈萨克斯坦政府"关于通过地下资源使用协议规范模板"的决议，地下资源使用协议在符合政府规范协议模板的前提下，可以根据具体交易要求进行修改。签署的地下资源使用协议，在经过消防、卫生、环保和法律相关审批后，需要报送石油与天然气部备案。

（四）《投资者行为准则》（2000年）

2000年12月8日，哈萨克斯坦总统签署了全体投资者应当遵守的《投资者行为准则》。该标准由哈萨克斯坦总统领导的国际投资委员会制定。《投资者行为准则》涉及13个主题，主要包括：遵守哈萨克斯坦法律；禁止违法或不当支付；遵守国家政策和目标，包括环境保护的目标，创造就业机会，促进技术转让；杜绝违法干预政治活动的行为；认可国家进口替代政策和出口导向政策的重要性；在媒体公开评论国家时应保持客观性等。

第三节 哈萨克斯坦投资法律风险与防范

一、中国企业在哈萨克斯坦投资的法律风险

（一）能源行业准入风险

哈萨克斯坦近年来出台政策法规，限制外国资本对哈萨克斯坦能源领域的投入，限制外国企业在哈萨克斯坦石油开发公司中的持股比例，并规定股东向第三方转让股权时，哈萨克斯坦政府享有优先购买权。这就使在能源领域的外国投资者完全丧失了对于公司的管理和控制的可能性。

（二）劳动力市场准入风险

哈萨克斯坦土地辽阔，资源丰富，人口不多，只有1 600多万人。其劳动力市场需求不是很大，中国是劳务输出大国，很容易满足哈萨克斯坦的需要。但随着经济的发展和国内经济结构的变化，哈萨克斯坦国内的就业压力也已显现出来。因此，为了提高就业率，哈萨克斯坦实行限制措施，提高了外籍劳务准入门槛。

（三）劳资关系风险

近些年来，一些中国企业在哈萨克斯坦投入资金建立合资企业或独资企业，大批雇用当地普通工人和技术、管理人员，从而不可避免地产生劳资纠纷问题。中资企业需要认真研究和执行哈萨克斯坦有关劳动立法的相关规定，并严格按照规定与当地员工签订劳动合同，以期有效规避因劳资纠纷带来的风险。

（四）环境保护风险

哈萨克斯坦在1997年7月15日即颁布施行了《环境保护法》，之后又陆续制定颁行了相关的配套法规和部门规章，已初步建立了一套完备的环境保护法律体系。2009年6月哈萨克斯坦议会对《环境保护法》进行了修订，补充和修订了《环境保护法》中有关危害生态环境的工艺、技术和设备进口限制的法律草案，明确规定禁止进口危害生态的过时工艺技术和旧设备。

2008年3月哈萨克斯坦的一家法院对正在开发卡拉查加纳克气田的卡拉查加纳克（Karachaganak）石油作业国际财团（KPO）处以1 500万美元的罚款，理由是其未经允许在油田内燃烧天然气开采过程中所产生的废气。[①]

中国企业在哈萨克斯坦进行项目投资，尤其是那些涉及能源类开发项目，一定要研究和遵守哈萨克斯坦的《环境保护法》，否则，受到的损失不仅仅是缴纳罚款，还很有可能被作为限制中资企业投资经营的口实。

---

① 信息来源：国际能源网（登录时间：2012年12月20日）。

（五）资本运作风险

鉴于上市公司的国际性（资本、股东、项目跨国性），资本运作项目跨多个司法辖区，由于项目在不同司法辖区受到不同法律管辖，风险往往较高。2005年度中国企业进行的最大一宗并购案，即中国石油收购哈萨克斯坦PK石油公司案。被收购方哈萨克斯坦PK石油公司是在加拿大注册的国际石油公司，而其油气田、炼油厂等资产全部在哈萨克斯坦境内，并在加拿大、美国、英国、德国和哈萨克斯坦证券交易所上市。期间，俄罗斯卢克石油公司以拥有"优先收购权"为名向加拿大地方法院提出阻止中国石油收购PK石油公司交易的请求。在这一案例中，涉及至少5个司法辖区和3个国家的主体，其中复杂程度及风险程度可略见一斑。

（六）贸易壁垒风险

贸易壁垒是世界各国保护国内市场的通常做法之一。哈萨克斯坦许多商品从中国进口，对其市场影响巨大。哈萨克斯坦通过签订国际协定和提高进口关税的方式，已经在实行差别待遇。哈萨克斯坦新的税法对部分进口产品所征收的关税税率远远高于8.6%的关税平均水平，如糖类、肉类熟食为30%等。从技术性贸易壁垒来看，哈萨克斯坦对部分中国进口商品做出了特别检测规定，由于中哈两国产品的技术标准不同，哈萨克斯坦的特别检测必然加重中方企业的负担。

二、哈萨克斯坦投资法律风险的防范

（一）关注政策导向

中国企业规避投资过程中的法律风险，首先就需要研究哈萨克斯坦的立法政策变化，注意相关领域的立法活动，以便随时调整投资方向，避免或者尽量减少因哈萨克斯坦法律调整所造成的损失。

哈萨克斯坦近些年从国家安全考虑出发，对能源领域里的外国投资采取了相应的限制措施，使外国投资者丧失了在哈萨克斯坦矿产资源领域从事经营活动的主动权和控制权。与此同时，哈萨克斯坦政府还注意利用税收作为调节杠杆，使得外国投资者的利润空间变得非常狭小。

中国企业特别要注意中哈两国非资源领域的开发与合作。两国签有双边协定，哈萨克斯坦政府鼓励非能源领域的投资。这些领域包括机车制造、轻重型车辆制造、建材、公路交通等。中国企业如果能够选择这些行业投资，不仅在哈萨克斯坦可以享有优惠，获得可观效益回报，而且风险也没有投资敏感的矿产资源领域大。西方发达国家已在哈萨克斯坦开工建厂，中国企业目前多数还只满足于向其提供配套制成品。

随着哈萨克斯坦经济的稳步发展和相关立法的完善，产业立法政策也会相对平稳下来，但局部调整仍然在所难免。因此，对政策动态给予足够重视，可以保证投资方向不会出现大的偏差，从而也可使投资风险限制在可控范围之内。

（二）做好项目可行性论证和单项法律风险评估

在投资项目论证阶段要对项目进行可行性分析，同时对该具体投资项目的法律风险进行评估，并以此为基础做出投资决策。

对具体项目进行法律风险评估，可以列出影响做出评估判断的因素项，并可根据具体项目的特殊情况予以微调，还可添加新的分析因素，最后运用因素分析方法对该投资项目进行风险评估，得出评估结果。

如果评估结果为风险级别过高，则应考虑个别单项因素加减的可能性，并考虑影响投资风险的其他变量因素。虽然单项风险因素如果过高即足以决定整个投资项目的风险级别，但基于投资决策确定的投资项目往往是综合考量的结果。对单项风险系数过高的因素应特别加以注意，提示项目实施者加大相关因素方面的投入，以期减少或控制风险发生的可能性。

（三）强化法律服务

到国外投资，法律服务几乎是必不可少的。法律服务是从始至终的，不分阶段的，从项目可行性论证时开始，至项目结束时终止，都必须聘请法律专家提供相关服务。

在投资项目的可行性论证阶段即应有法律专家的介入。因为项目是否可行，是否适合投资和风险大小，并非完全属于经营核算问题。投资者和相关人必须意识到，市场经济就是法制经济，投资者或经营者的每个行为都意味着权利义务。规则无处不在，参与者必须遵守，否则即应承担责任。

对哈萨克斯坦投资法律服务主要事项还包括研究投资目的地相关领域的政策法规、实施具体项目应当取得的各项许可和办理程序、起草各种文件、与合作方洽谈合同条款、确定纠纷解决机制（选择适用的法律、仲裁机构或法院）、解决项目实施过程中出现的法律问题、参加解决企业纠纷的诉讼和仲裁。在聘用和解聘企业员工、签订劳动合同等方面，也需要符合相关法律的规定。

应当强调指出的是，如果项目投资额度较大，则应同时聘用中国和哈萨克斯坦的法律服务机构提供法律服务。因为，如果是在当地实施的投资项目，国内法律专家参与的机会可能不是很多，此时项目经理或负责人在一般情况下与当地法律专家沟通会存在一定障碍，因为法律知识具有极强的专业性，并且动辄涉及当事人的权利义务，稍有差错便可能造成重大损失。经验表明，运用熟练的母语表述法律问题有时还会出现偏差，用外语说明一个外国法的问题，更容易相互抵牾。因此，出现问题时最佳的办法是中方法律专家与哈方法律专家共同协商制订解决方案和应对办法。

（四）坚决维护自身权利

无论如何防范和小心谨慎，纠纷和争议总是不可避免。关键是如何对待纠纷和争议，尤其是面对外国的当事人，处于异国他乡的陌生环境。一个重要的方法就是要学会拿起法律的武器，坚决维护自身的权利。采取得力措施，穷尽一切国内和国外救济手段，在多数情况下公平正义都能够得到捍卫。现实中不乏这样的例子。

第四节 典型案例

中国石油并购PK公司案[1]

一、PK公司概况和并购缘起

哈萨克斯坦石油公司（Petro Kazakhstan Inc.，简称PK公司）是在加拿大注册的国际石油公司，在加拿大、美国、英国、德国和哈萨克斯坦证券交易所上市，其拥有的油气田、炼油厂等资产全部在哈萨克斯坦境内。该公司是哈萨克斯坦第三大石油生产商，公司原油日产量为15万桶，原油年生产能力超过700万吨，旗下炼油厂每天可加工8万桶原油。2003年公司纯收益为3.169亿美元，2004年达到5.007亿美元。

由于PK公司一直不能有效解决石油开采中产生的伴生气再利用、避免天然气燃烧造成的浪费和对环境的污染问题，哈萨克斯坦政府和环保部门一直对其施加压力，双方由此产生的矛盾使PK公司和哈萨克斯坦政府的关系恶化，导致其决定出售在哈萨克斯坦境内的油气权益。而中国石油在与哈萨克斯坦的另一油气合作项目上已成功解决了这一难题，在伴生天然气的利用和环保方面具有比较优势，有意收购PK公司的股权。

---

[1] 参见王崇赫：《中国企业最大跨境收购案分析与启示——分析中石油收购哈萨克斯坦PK石油公司》，载《北方经济》2007年第4期。

二、曲折的并购过程

2005年上半年，来自中国、俄罗斯［卢克石油公司（OAO Lukoil Holdings），以下简称卢克公司］和印度（ONGC公司）的3家公司竞购PK公司股权，印度公司曾以高出中国石油4亿（38亿）美元的价格投标。最终，由于综合优势，中国石油以总价格41.8亿美元的报价，击败了来自印度和俄罗斯的竞争对手，获得了PK公司的收购权。

2005年8月14日，中国石油收购PK公司的项目获得中国国家发展和改革委员会批准。8月22日，该能源企业旗下的全资子公司与PK公司达成收购协议，经PK公司2/3股东同意便可生效。根据所达成的协议，PK公司已经无权寻找新买家，但仍保留在向收购方支付1.25亿美元赔偿金的前提下接受更高报价的权利，而收购方则保留了进一步提高报价再次参与竞购的权利。

然而，2004年哈萨克斯坦通过了国家优先购买矿产开发权的法律文件。而且，2005年10月13日，哈萨克斯坦议会又对这一法律条款作了进一步补充，规定国家不仅可以优先购买在哈萨克斯坦境内从事矿产开发企业所转让的开发权或股份，还可以优先购买持有该国境内企业股权的外国公司股权。也就是说，任何一家在哈萨克斯坦境外的外国公司，如果其拥有的资产或权益位于哈萨克斯坦境内，则该公司在转让其股权时，哈萨克斯坦国家亦享有优先购买权。

2005年10月15日，中国石油与哈萨克斯坦国家石油天然气公司签署了《相互谅解备忘录》。根据该谅解备忘录精神，该企业子公司收购PK公司后，哈萨克斯坦国家石油天然气公司将获得为保持国家对矿产资源开发活动的战略控制所需的PK公司的1/3股份，价值为14亿美元。与此同时，哈萨克斯坦获得在

第三章 哈萨克斯坦外国投资法律制度

对等条件下联合管理 PK 公司奇姆肯特炼油厂和成品油的权利。

2005年10月19日，PK 公司在加拿大阿尔伯塔省卡尔加里召开股东大会，经投票表决，高票通过中国石油下所属全资子公司以每股55美元价格100%收购 PK 公司。

此前俄罗斯卢克公司曾提议以41.8亿美元收购 PK 公司，并反对中国石油对 PK 公司的收购。10月4日，卢克公司正式向斯德哥尔摩商会仲裁院提出申请，认为 PK 公司与中国石油签署的协议违反了合资公司关于"优先购买权"的规定，即 PK 公司应该把持有的图尔盖公司（Turgai Petroleum）50%的股份优先出售给卢克公司。数周之后，卢克公司就此向加拿大 Queen's Bench 地方法院提出申请，要求先解决卢克公司与 PK 公司的合资子公司——图尔盖石油公司的股权归属问题，然后再审议购买协议，即要求该法院阻止 PK 公司与中国石油的交易，直到斯德哥尔摩商会仲裁院做出最终裁决为止。卢克公司还表示，如果加拿大法院否决中国石油对 PK 公司的收购，卢克公司将会以同样的价格进行收购。10月25日，加拿大地方法院批准了中国石油收购案，没有支持俄罗斯卢克公司的诉讼请求。卢克公司也未上诉。[①]

2006年7月5日中国石油与哈萨克斯坦国家石油天然气公司签署股权转让协议。作为获得哈政府批准中国石油收购 PK 公司的重要前提，中国石油在完成对 PK 公司股权的收购后，须将 PK 公司33%的股权按照收购价格转让给哈萨克斯坦油气公司（KMG）。

至此，历时一年之久的中国石油并购加拿大 PK 公司一案才算尘埃落定。

三、本案例法律特点分析

1. 被收购的 PK 公司是一家在加拿大、美国、英国、德国和

---

① 信息来源：《上海证券报》2005年10月27日。

哈萨克斯坦证券交易所上市的上市公司，收购后 PK 公司将被摘牌。因此，在收购时，除了目标公司应该遵守各上市地点的证券监管规则外，收购方也必须同时遵守各监管地的法律，尤其是信息披露和在二级市场上对目标公司股票的购买。如果收购方本身或其关联方提前购买股票，则构成利用内幕信息牟利，一旦被监管部门查出，将会受到严厉处罚。

2. PK 公司虽然是一家加拿大公司，但其全部资产位于哈萨克斯坦境内，包括上游的油田资产和下游的炼厂资产。且 PK 公司在哈萨克斯坦境内的某些资产是通过与其他公司，如俄罗斯的卢克石油公司共同拥有的合资公司股权体现的。因此在尽职调查和收购前，应要求 PK 公司处理好其在哈萨克斯坦境内下属合资公司中的关系，包括下属公司其他股东对其在合资公司中股权是否享有优先购买权，在收购完成前，做好收购方参与下属公司管理的安排等。在本次收购中，俄罗斯的卢克公司认为 PK 公司与中国石油之间签署的收购协议违反了 PK 公司与卢克公司就图尔盖合资公司关于"优先购买权"的规定，即 PK 公司应将其持有的图尔盖公司 50% 的股份优先出售给卢克公司。为此，卢克公司在瑞典斯德哥尔摩仲裁院对 PK 公司提起了关于股权转让优先购买权的仲裁。当然，由于 PK 公司出售的是整个公司，而不是转让其持有的图尔盖公司 50% 的股权，因此，卢克公司关于优先购买权的主张并未得到仲裁庭的支持。尽管如此，作为收购方，在收购公司过程中，还是要特别关注各相关方的优先购买权或优先受让权问题。

3. 根据国际惯例，虽然资产位于哈萨克斯坦境内和在哈萨克斯坦上市，但由于 PK 公司是哈萨克斯坦境外的加拿大公司，因此，其在出售公司股权时，只要遵守哈萨克斯坦的证券监管规定就可以，其他方面不需要哈萨克斯坦政府批准。当然，由于 PK 公司的资产位于哈萨克斯坦境内，如果收购完成，收购方需要进入哈萨克斯坦境内对其持有的资产和股权进行经营和管理，通常需要出售方和收购方共同与哈萨克斯坦政府相关主管部门进行提前沟通和获得确认，否则收购方即使完成收购，其经营管理人员也无法进入哈萨克斯坦工作，其经营管理也会遇到种种阻挠。在本次收购中，哈萨克斯坦国会上议院还针对PK公司出售股份，特意通过了禁止外资转让国家石油资产的议案，目的是实施其对国内油气源的控制。根据该法案，如果PK公司向任何一家哈萨克斯坦以外的公司出售，则PK公司需向哈萨克斯坦支付一笔5亿多美元的罚款，而这笔罚款最终将转嫁给收购方。在这种情况下中国石油利用其与哈萨克斯坦此前已建立的良好关系，与哈萨克斯坦国家石油公司签署了一份《谅解备忘录》。根据该备忘录，哈萨克斯坦国家石油公司将获得为保持国家对矿产资源开发活动战略控制所需PK公司的部分股份，即哈萨克斯坦国家石油公司也将获得PK公司1/3的股份，并获得在对等条件下联合管理PK公司奇姆特炼厂和成品油的权利。基于以上安排，中国石油较好地处理了哈萨克斯坦新出台法案给PK公司出售股份所设置的障碍，避免了替PK公司承担因出售股份而可能承担的5亿多美元的罚款。哈萨克斯坦出台的法案，实际上是一种变相的对外资转让股份的优先购买权，因此，今后在收购类似的特殊目的公司时，应特别注意特殊目的公司间接拥有股权的资产或权益的所在国关于股权转让的相关规定。

新康有限公司在哈萨克斯坦投资设厂案例[①]

一、案例基本情况

新康番茄制品厂由新疆新康有限公司投资326万美元于

---

① 参见：《投资哈萨克斯坦的企业案例》，载《大陆桥视野》2009年第9期。

1997年在哈萨克斯坦阿拉木图市建立。该项目于1997年在我国国内立项，1998年获国家对外贸易经济合作部、国家计委、国家外管局等有关部门批准，2000年建成投产。该公司最初只生产两种番茄罐头，现在则拥有四大类、50多种产品的全套生产线，目前年产番茄制品5 000吨，在哈萨克斯坦全境销售，市场占有率达25%。截至2010年公司累计实现销售收入6 000万美元，带动国内原材料出口约3 700万美元，向哈萨克斯坦缴纳利税700多万美元，成为哈萨克斯坦番茄制品行业的龙头企业。公司现拥有员工148名，除7名中方管理人员外，其余员工均为本地聘用。

番茄是中亚地区居民最喜爱的食品之一。在中亚第一大国哈萨克斯坦，番茄制品市场占有率第一的是一家中国企业——新康番茄制品厂。2001年阿拉木图市市长亲笔签发证书，称赞"新康有限公司为阿拉木图工业发展做出贡献"。2002年公司被评为"哈萨克斯坦年度最佳企业"。2003年中国驻哈萨克斯坦使馆经济商务参赞处对驻哈中资企业联合年检，对新康有限公司评价为满分。从2001~2008年，新康有限公司在中亚地区获得哈萨克斯坦工贸部和农业部等政府奖励和产品金奖几十项。其中2007年荣获总统嘉奖企业，并荣获由哈萨克斯坦政府颁发的2007年番茄制品行业年度最佳生产企业奖，是哈萨克斯坦唯一获得此项殊荣的中资企业，新康品牌成为当地名牌产品。为表彰新康对社会的贡献，阿拉木图市政府甚至批准以"新康"命名该市的一个公交车站。同时新康有限公司还是中国商务部、新疆外经贸厅所列的在外国投资优秀中国企业。

二、案例特点和法律分析

这是一个中国企业在海外投资成功的范例。番茄制品属于市

第三章 哈萨克斯坦外国投资法律制度

场竞争化程度比较高的产品，新康有限公司之所以能在哈萨克斯坦食品行业投资取得成功，并得到哈萨克斯坦的认可，归纳起来主要有以下几方面原因：

1. 符合当地外商投资的产业政策，且严格遵守当地的食品卫生法规。

2. 产品开发方面，通过可行性研究和市场调查，产品最大限度地贴近当地消费者需求，符合当地消费的习惯，成为众多当地百姓的首选。

3. 坚持本土化经营战略。项目前期中方人员不多，且随着生产经营的正常化，中方人员逐年减少。在目前148名员工里，中方员工仅7人，当地员工比例达到95%，为当地创造了就业机会。在哈萨克斯坦籍员工眼里，感觉自己是新康有限公司的主人；在政府眼里，新康有限公司是真正的本地公司，为当地创造了大量税收。这一点是新康有限公司在哈萨克斯坦项目投资取得成功的关键，说明中方投资者在严格遵守哈萨克斯坦劳动法律和外国管理人员工作许可配额的法律前提下，做到了外国投资者、当地员工和政府的多赢。

4. "善待员工，回报社会"是新康有限公司长期恪守的理念。在房价高企的阿拉木图，新康有限公司给员工准备了宿舍，并提供免费午餐。每位过生日的员工都会收到蛋糕和礼物，每逢重大节日都安排有庆祝游览活动。遇员工亲人去世，新康有限公司及时安排休假并发放慰问金。新康有限公司还热情参与社会公益活动，向哈萨克斯坦的学校、卫国战争老战士和残疾人捐款等。

第四章

哈萨克斯坦贸易法律制度

第一节 哈萨克斯坦对外贸易政策

哈萨克斯坦的最大贸易伙伴是俄罗斯，同时，哈萨克斯坦是我国在中亚国家中最大的贸易伙伴，也是近年来中亚国家中经济发展速度最快、经济实力最强的国家。其他几个中亚国家也与哈萨克斯坦保持着活跃的贸易关系。

随着中哈两国睦邻合作关系的不断加深，我国在哈萨克斯坦的贸易地位也在不断上升。根据哈萨克斯坦海关统计，2007年中哈贸易额为95.1亿美元（两国统计计算方法不同，按照我国海关总署统计为138.8亿美元），同比增长65.8%，占哈萨克斯坦贸易总额的11.4%。

哈萨克斯坦出口产品单一，主要为初级和资源产品，进口产品则以包括小汽车在内的机电产品为主。中国向哈萨克斯坦出口的产品主要包括石油天然气管道、钻机、掘进机、通讯设备、钢材构件等，从哈萨克斯坦进口的主要商品则包括原油、铁矿、铬矿、铜矿矿石、加工产品、燃油、铀矿、皮革制品、羊毛等。

第四章 哈萨克斯坦贸易法律制度

哈萨克斯坦经济发展与贸易部是哈萨克斯坦制定经济发展规划和负责贸易管理的主管部门，其职责包括对海关关税和非关税调节措施提出建议，对贸易保护、反倾销和反补贴措施的制定提出建议，在其权限内发放商品进出口许可证等。

第二节 哈萨克斯坦对外贸易法律体系及基本内容

一、海关政策

近年来，哈萨克斯坦积极参与国际经济贸易合作，同时也参与到许多国际性和区域性组织的合作中，其中就包括国际海关合作。

哈萨克斯坦参与国际海关合作的主要牵头部门是哈萨克斯坦财政部海关监管委员会。其主要职能是：保证完成哈萨克斯坦在国际海关事务中的国际义务、参与制定关于海关管理的国际条约、同别国及国际组织开展海关合作。

目前，哈萨克斯坦同欧亚经济共同体、中亚世界海关组织、上海合作组织，以及关税同盟伙伴国（俄罗斯、白俄罗斯）成功开展了互利共赢的海关合作。最为重要的是哈萨克斯坦于2009年加入了《协调和简化海关程序国际公约》，因而报关程序中使用统一海关代码（HS Code）。

俄罗斯、白俄罗斯、哈萨克斯坦关税同盟从2010年1月1日起开始运行，三国之间消除海关关境，对外统一关税及非关税措施（包括外贸许可和相关限制等），并且相互承认卫生、动植物防疫等许可性文件。

为统一海关行政管理制度，关税同盟出台了《海关法典》。哈萨克斯坦还专门出台了《海关事务法则》，其中既包括了《海关法典》的相关准则，还包括哈萨克斯坦国内法律的相关准则。目前，哈萨克斯坦国内实行的海关法律包括：关税同盟《海关法典》、《关于落实海关法典的国际条约》、《关税同盟委员会关于落实海关法典的决议》、《哈萨克斯坦海关事务法则》、《关于落实哈萨克斯坦国内海关法的规范性决议和指令》。

（一）关税同盟《海关法典》

关税同盟《海关法典》的全新内容包括：引入"关税同盟统一的海关关境"；引入"海关代表"；制定对海关执法者的统一要求；规定关税同盟境内跨国运输的统一条件等。

关税同盟海关行政管理制度的主要原则包括：各成员国间相互贸易无须清关和海关监管；统一关境内采用统一海关制度；简化对外贸易的清关和海关监管流程；报关人可在关税同盟关境内向任意成员国的相关海关登记和查验机构提交报关单。

关税同盟《海关法典》无法统一规定，而由各成员国本国法律自行规定的主要内容包括：海关机构对欠缴税费的计算、追缴和豁免规则（由各国税法自行规定）；行政和刑事诉讼程序（由各国行政法和刑法自行规定）；关于延期或分期支付海关税费方式的规定；关于海关资料的汇总和保护方式等。

（二）哈萨克斯坦进出口业务流程

哈萨克斯坦境内所有法人和自然人均可从事对外贸易活动。除11类产品限制进口外，其余商品均可自由进口，也不受配额及许可证限制。除在第二章中简述的外汇政策外，哈萨克斯坦与

第四章　哈萨克斯坦贸易法律制度

中国已经实现了坚戈和人民币的直接结算。这一优惠政策在很大程度上推动了两国的跨境贸易发展。

从哈萨克斯坦境内进出口货物需遵循《海关法典》第14章的规定。具体操作程序是：向哈萨克斯坦海关提交进/出口申请表；向哈萨克斯坦海关提交报关单和其他报关材料；将货物送达哈萨克斯坦海关站点接受检查；通知进/出口目的地海关并与承运人准备清关单据；将货物实际运出/运进哈萨克斯坦。

在货物运达目的地海关后，货物需要通过各种检查才能通过，包括安检、环境危害监测、HSE监测和关税检查等。由于中国与哈萨克斯坦的贸易通关中设立了TC-SCAN系统，大大简化了通关检查，提高了贸易商的通关效率。

按照国际惯例，在进行进/出口活动之前，需取得相关进/出口许可证。但是，在哈萨克斯坦，大部分贸易进出口活动是不需要许可证和配额制度限制的。除武器、弹药和药品等11类产品限制进口以外，其余产品均可自由进口。除武器、弹药和药品等9类产品需要办理出口许可证外，其余产品均可自由出口。

参照世界海关组织统一海关代码（HS Code）和外国经济活动商品分类（FEACC）规则，在进行贸易活动时，还需要确定进出口的产品是否需要卫生许可证和动植物检疫许可证。主要参照法律为2008年6月哈萨克斯坦政府公布的《关于批准实施进出口商品许可制度、包括出口商品管制和进口自动许可证商品清单》。在2008年2月5日第104号政府令清单中列明的商品在哈萨克斯坦受到出口监管。

在哈萨克斯坦，进出口许可证的颁发由工业与贸易部负责。申请批复决定会在一个月内作出，对于小型企业来说，在材料齐全的情况下，只需要10天。许可证按进出口货物的种类颁布，不计数量。按照贸易合同，交易一次需办理一次进出口许可证，并且许可证的有效期不得超过一年。对于原产地证明，除出于消费者权益和国家利益等考虑外，法律无明确规定。

为了监督实际出口物品与报关单上填写的数量与类别完全相符，海关有海关专用章，并附有出具该海关专用章的机构名称，过境海关关口等。具体的海关业务在哈萨克斯坦原则上必须通过中介组织进行。

二、关税法律政策

总的来说，哈萨克斯坦关税税率的确定按照进口货物的统一海关代码标明的种类进行确定。从特定国家（如俄罗斯）进口的物品，根据哈萨克斯坦签署的相关国际协定，免征关税。如2007年哈萨克斯坦、俄罗斯和白俄罗斯之间建立了自由贸易区，该自由贸易区内的货物买卖免征关税。除特别另有规定的税费外，自由贸易区内使用统一的海关代码，并且通用一本关税税则。

理论上说，海关代扣的除关税之外的其他税费，如增值税和消费税等，可以享受出口退税返还。

三、外汇政策

自1993年哈萨克斯坦开始正式使用坚戈作为统一货币以来，哈萨克斯坦国家银行一直实施紧缩的货币政策和财政政策。1999年4月，哈萨克斯坦政府宣布允许自由浮动外汇汇率，随后坚戈迅速贬值25%，在2000年7月后对美元汇率基本保持在143坚戈/美元。2011年1月起，汇率基本保持在147坚戈/美元。

2005年6月13日，哈萨克斯坦《货币管理和控制法》（简称《货币法》）颁布，并于同年12月18日生效。《货币法》的制定实施，旨在使哈萨克斯坦更快地融入到全球经济环境中，更符合国际货币基金组织的货币规范。《货币法》于2007年1月1

第四章 哈萨克斯坦贸易法律制度

日起生效,取消了很多过去的外汇管制和限制措施,并成为规范外汇交易和货币流通的主要法律。

"本地居民"和"非本地居民"是哈萨克斯坦货币法律体系中的一个重要概念。《货币法》规范的主要限制是:除法律另有规定外,本地居民之间的付款交易必须以坚戈为交易货币。另外,本地居民进行外汇交易,只能在有权进行外汇交易的银行或金融机构设立外币账户进行。

本地居民进行下列交易,需要通知哈萨克斯坦国家银行:在哈萨克斯坦境外设立账户(不包括自然人);本地居民购买国外发行的证券总额超过10万美元(该要求不适用于直接投资,即,本地居民购买外国公司股份占公司股权比例超过10%,需到哈萨克斯坦国家银行注册);非本地居民在哈萨克斯坦境内购买本地发行证券价款超过50万美元的。

同时,如果本地居民与非本地居民之间进行交易,本地居民支付金额超过10万美元或非本地居民支付超过50万美元的情况下,需要到哈萨克斯坦国家银行进行登记:有效期超过180天的商业信用证;超过180天的贷款合同;提供担保金(考虑到货币管制,哈萨克斯坦《货币法》把担保金视为贷款);购买知识产权专有权支付的价款,以及根据合资公司协议履行相关义务而交易名下资金或财产的;直接投资,即购买一家法人主体10%以上的股份。

在外汇法律框架下,外国公司的分支机构和代表处,不被视为"本地居民"。对于此类机构的外汇管控相对宽松。个人作为外汇法律框架下的约束对象,相对自由,但是进行商业交易的个人必须在有权经营对公业务的银行开设账号。哈萨克斯坦境内本地居民和非本地居民自由兑换外币没有限制,但是向境外汇款超过1万美元(或同等面值的其他货币),需要提供能够证明该笔款项合法来源的法律文件。

需要特别注意的是,在哈萨克斯坦,个人和法人在银行开设账户、办理存款、汇款等业务必须有税务登记号。

第三节 哈萨克斯坦贸易法律风险与防范

一、法律风险

（一）贸易政策风险

贸易政策风险主要体现在进口税赋标准调整频繁；边境贸易领域，中哈边境口岸政策变动频繁、随意性较大、口岸货物滞留等问题较为突出；哈萨克斯坦标准、计量和认证委员会管理层的变动以及有关部门不能够一贯履行现有标准及检测、标志和认证要求。

（二）贸易、投资壁垒

尽管哈萨克斯坦在经济开发过程中逐渐减少了对外国投资者经营活动和领域的限制，在申请加入世界贸易组织的谈判过程中又对进一步开发市场做出了一系列承诺，但是，在现行的贸易、投资管理制度中仍然对外国投资设置了部分投资壁垒和经营障碍。具体体现在以下几个方面：

1. 关税及关税管理措施。哈萨克斯坦对部分进口产品所征收的关税税率远远高于8.6%的平均关税水平。这些高关税产品包括：鱼虾罐头（关税30%），糖类（30%），肉类熟食

（30%）等，还有部分进口产品被征收高达100%的进口关税。

2. 通关环节壁垒。自2002年10月起，哈萨克斯坦授权第三方机构对进口货物进行"海关审计"。第三方机构通常以国际价格为基础确定进口货物的海关价值。这一做法与世贸组织《海关估计协定》第7条不符，导致大约20%通关货物的海关价值高估。

3. 对进口产品征收歧视性的国内税。哈萨克斯坦税收法规定，国内生产的消费税应税商品以本币缴纳消费税，但是要求部分进口的消费税应税商品必须以欧元缴纳，比如国内生产的烈性酒每升缴纳消费税300坚戈，但进口烈酒每升缴纳消费税3欧元。由于哈萨克斯坦汇率变动的影响，可能使进口产品承担更高的国内税收负担。

4. 技术性贸易壁垒。哈萨克斯坦还对部分进口商品制定了特别检测规定，部分进口商品必须通过哈萨克斯坦标准化、度量衡和检测中心进行的国家安全检测，以确认其对人体健康、财产及生态环境是否有害。中国向其出口的机电产品如洗衣机、冰箱、照明设备、食品加工设备等都必须接受哈萨克斯坦技术调控及计量委员会的检验。

二、防范措施

在对哈萨克斯坦进行贸易的过程中，应当注意防范有可能出现的法律风险，避免卷入缺乏法律保障的荆棘之中。具体而言，应从以下几个方面入手：

第一，精研哈萨克斯坦有关对外贸易的法律法规，切实掌握法律和政策的变化。企业在开展对外贸易活动之前，应当充分了解、分析和评估哈萨克斯坦的政治、经济形势和政策法规，进行深入、充分的调研和法律论证，审慎决策。要综合考虑企业利益索取与法律风险控制的平衡，以尽可能低的法律风险基础，展开对外贸易活动。

第二，充分掌握对外贸易相对方的资信状况，将其作为是否与之合作的重要依据,并为一旦发生风险提出仲裁或赔偿申请准备资料和依据。企业应当了解和掌握的贸易相对方资料主要包括:对方公司类型信息、投资方信息、管理层信息、注册资金信息、股东信息、地理位置信息、通信信息以及交易诚信记录情况等。企业应当在合作过程中持续关注相对方的状况和资信情况,以便在情势变更时及时做出应对。

第三,应当签订书面合同,并确保合同条款的严密性和合法性。国际贸易中合同条款的规定是必不可少的,不但要形成书面的合同,而且其条款应当严密,内容应当充分。其中,尤其应当注意对价格条款、货款支付方式、货物检验条款、不履约的法律责任等事项进行明确的约定。此外,对于网络信函、电子邮件等有关资料,企业也应当妥善保存,一旦发生争议,均可作为维护自身利益的重要证据。

此外,企业还应当加大与政府部门的沟通和协调,在政府开展的对外贸易立法、国别贸易风险评估等工作中努力发挥积极的影响作用,为对外贸易活动的开展争取公平良好的环境。

第四节 典型案例

哈萨克斯坦对中国进口活性干酵母启动反倾销调查

一、具体案情[①]

2004年11月26日,哈萨克斯坦工业与贸易部贸易委员会

---

① 引自《食品商务网》,2004年12月30日。

决定启动对中国进口活性干酵母的反倾销调查程序,这是哈萨克斯坦对中国发起的首次反倾销调查,也是新疆外贸企业首次遭遇反倾销调查。

哈萨克斯坦的反倾销调查涉及新疆伊犁7家外贸企业。据不完全统计,新疆伊犁哈萨克自治州2002年对哈萨克斯坦出口活性干酵母300吨,2003年上半年出口上百吨。其中霍尔果斯索斐娅有限公司的"斐娅"品牌已打入中亚市场。此外,以生产活性干酵母为主要产品的安琪酵母(伊犁)有限公司和新疆马利食品有限公司(合资)将于2005年在新疆伊犁正式投产,产品主要对中亚市场出口。

据了解,哈方此次反倾销调查是依据阿拉木图酵母厂提出的关于对进入哈萨克斯坦领土的酵母采取反倾销措施的调查申请而启动的。据哈方称,自中国进口的活性干酵母倾销额为1.44美元/公斤。针对此次调查,新疆伊犁州外经贸部门决定采取商务部、商会、法律部门和企业四体联动的做法,组织企业积极应诉,以全力保住刚刚打开的哈萨克斯坦活性干酵母市场。

霍尔果斯索斐娅有限公司专门就哈萨克斯坦的反倾销调查与哈萨克斯坦的进口企业进行了紧急磋商。但受到长期存在的"灰色"清关影响,因此,哈萨克斯坦企业考虑,如果提供相关数据可能对自身不利,所以,霍尔果斯索斐娅有限公司出于应诉数据不全,以及双方今后的合作等多种因素的考虑,决定不应诉。

二、案情分析

在本案中,如果新疆的酵母出口企业应诉的话,应从以下几方面进行材料的搜集和分析:

1. 出口酵母产品是否构成倾销。1994年关贸总协定乌拉圭回合谈判达成的《关于实施1994年关税与贸易总协定第六条的协议》（简称《反倾销协定》）是目前最具权威的国际反倾销法。该协定第2条第1款对倾销的定义作了明确的规定："如果在正常贸易过程中，某项产品从一国出口到另一国，该产品的出口价格低于在其本国内消费的相同产品的可比价格，亦即以低于其正常的价值进入另一国的商业渠道，则该产品将被认为是倾销。"

2. 是否给进口国同类产品的工业生产造成实质性损害，或存在此种威胁，或对某一工业的新建造成实质性阻碍。

3. 低于正常价值的销售与损害之间是否存在因果关系。

此外，还要考虑以下不属于倾销行为的例外情况的材料搜集和分析，即：

1. 未以倾销价格出口的进口产品的数量和价格。在被控倾销产品存在多国出口商的情况下，有时很难依每个出口商的具体情况来确定正常价值，此时只有在某出口商或进口商能提供证据，证明在其销售中有相当数量的产品不存在低价倾销的情况下，才可以排除其因果关系的存在。一般而言，能够被证明的产品的销售数量应该达到该出口商全部出口量的50%以上。

2. 国内需求的减少或者消费模式的变化。在进口国国内市场需求减弱或进口国消费结构发生变化时，会引起市场供求关系的显著变化，导致商品价格下降或生产减量。而只要价格或产量下降，进口国国内产业的经济状况指数都会相应发生变化。不能把这种变化的原因全归于对出口国商品的进口。

3. 外国与国内生产商间的竞争及限制性贸易行为。进口国产业面临的竞争是多方面的，这种竞争不仅来自被控倾销的产品，而且来自其他非倾销产品，包括进口国国内生产同类产品的厂商间的竞争。当倾销产品的进口数量没有明显增长时，进口国国内产业的损害就可能是其他进口产品竞争的结果，也可能是由于存在限制贸易行为竞争的结果。尤其在进口国市场出现竞争秩序混乱、发生价格大战的情况下，就应该排除被控倾销产品的因果关系。

4. 技术的发展以及国内产业的出口实绩和生产率。一国的企业技术水平、出口能力和生产效率是衡量该国某产业发展水平的最重要因素。如果进口国国内生产技术落后、产品出口能力弱、劳动生产率低下，则必然直接导致其产品竞争力下降、价格降低、产量减少等经济指标恶化。在这种情况下，显然就可以排除被控倾销产品的因果关系。

除了以上4个排除因果关系的因素外，还应考虑其他可能免除产品倾销的因素：即进口国是否存在经济危机、企业经营管理素质是否低下、产品质量是否差、营销渠道是否阻塞、替代产品是否出现以及出口国与进口国之间是否存在配额安排等。如果有这些情况的证据，那也能证明出口产品不存在倾销。

本案中，涉案的新疆企业应该积极应诉，虽然这些企业目前产品的出口数量小，但如果他们不积极地维护自己的利益，将助长利用反倾销的手段变相阻挠新疆产品进入该国市场，导致针对新疆产品的反倾销调查泛滥。遭遇进口国政府的反倾销调查并不可怕，关键是企业应该以积极的态度，拿起贸易法律的武器维护自己的合法权益。

第五章

哈萨克斯坦工程承包法律制度

第一节 哈萨克斯坦工程承包的主要做法

一、承包工程许可制度

根据2001年哈萨克斯坦共和国颁布的《关于在哈萨克斯坦共和国境内城市建设工程和建筑工程法》的规定，凡在哈萨克斯坦境内承建当地工程项目的外国企业必须具有国外工程项目承包执照，在参加工程招标时，可以凭借总公司的资质购买标书，中标后与哈萨克斯坦招标委员会签订合同，并在哈萨克斯坦正式注册外国企业的子公司或独立的合资公司以执行项目工程。

在哈萨克斯坦注册的公司视同当地法人，在项目建设过程中，必须遵守哈萨克斯坦的各种法律法规及规范标准，包括办理特种行业许可证，依法纳税，遵守施工要求、技术标准、安全和防火规范等。聘用工人必须严格按照程序进行，在哈萨克斯坦本地不能满足专业技术要求的情况下，可以自外国引进，但必须为其办理劳动许可。在工程验收时必须由哈萨克斯坦招标委员会组建国家验收委员会对所施工工程进行验收。

二、外商投资企业股权比例限制制度

哈萨克斯坦建筑法规定，外国投资者可以合资形式进入哈萨克斯坦建筑业市场，但外资在合资企业中的持股比例不得超过49%。如100%的外资控股的哈萨克斯坦本地企业作为一个主体参与建筑业合资企业，则外资持股比例可以不受此限。

三、许可证取得流程

许可证由建筑领域的授权机关"国家或地区建筑委员会"发放，申请人向授权机关提供从事项目所需全部文件及许可证手续后，许可证发放单位在1个月内作出是否签发许可证的决定。

外国公司在哈萨克斯坦办理从事建筑工程业务施工许可证需要提供以下文件：（1）合同实际工作量、具体项目和金额概述；（2）具体项目的设计和建设合同（复印件）；（3）译成哈文、俄文并公证的企业设立文件；（4）译成哈文、俄文并公证的企业营业执照和建筑业资质证书；（5）译成哈文、俄文并公证的法人在哈萨克斯坦境内的分公司或代表处章程条例，以及分公司或代表处负责人的授权书；（6）分公司或代表处在哈萨克斯坦司法机关的注册文件（公证件）；（7）法人税务登记证（公证件）；（8）分公司或代表处在统计机关的国家注册证明（公证件）；（9）在建工程领域许可证所要求的具体项目申请清单；（10）法人生产技术基地资料（租赁合同或不动产使用国家注册证明）；（11）专家情况或其聘用可能（毕业证书公证件）；（12）内部生产质量控制体系资料；（13）哈萨克斯坦技术监督局的评估结论；（14）哈萨克斯坦国家紧急状态委员会的评估结论；（15）哈萨克斯坦国家环境保护部门的评估结论；（16）哈萨克斯坦国家卫生检疫部门的评估结论；（17）哈萨克斯坦国家消防部门的评估结论；（18）哈萨克斯坦国家无损检测试验的许可；（19）2~3个较大业主所做工程竣工评语；（20）公司经营简介；（21）代表公司办理证件的全权代表授权委托书。

四、工程承包程序

（一）获取信息

在哈萨克斯坦所有大型采购、建设项目均需通过招投标程序。招标信息可登录政府各部门网站、政府采购网（goszakup. gov. kz；goszakup. gov. kz/index）、政府主办的"电子商务中心"（www. ecc. kz）网站以及各大企业集团网站等查询获取。

（二）招标投标

1. 招标程序。对投标申请进行法律和技术资格审核（3天时间）；根据招标文件进行投标；评委对标书进行评标（不超过7天）。

2. 评标程序。审查投标文件是否与标书要求相符；评议投标报价和付款条件；审查交货期的规定；工程保证期的评审；审查技术服务中心的保证情况。评标委员会有权不发布任何有关评标事宜的信息,并有权以书面方式通知投标人关于更改和延迟开标、评标的日期。

投标人提供的投标文件清单包括:章程、法人国家登记证明、统计卡、增值税缴纳证明、银行保函、当年财务收支平衡表、配套设备生产商支持函、授权书。

第二节 哈萨克斯坦工程承包法律体系及基本内容

一、关于工程承包合同的一般规定

1. 哈萨克斯坦民法典债编中对承包合同作出了规定(第616~682条)。根据承包合同,合同一方(承包人)应按照另一方(发包人)的任务完成特定的工作,并将成果在规定期限内交付发包人,而发包人必须接受工作成果,并支付承包费。如果法律或合同没有另行规定,工作风险由承包人承担。

如果承包合同没有另行规定,承包人可以自行确定完成工作任务的方式。承包合同包括日常事务承包、建筑承包、项目或勘探工作承包、科学研究承包、实验设计和技术工艺工作承包合同。

如果立法或合同没有专门作出规定,材料在承包人交付工作成果期限届满之前意外灭失或意外损坏的风险,由提供材料的一方承担;而在工作成果延期交付或延期接收的情况下,由超期一方承担。

2. 总承包人与分包人的法律关系。如果立法或合同没有限制性规定，承包人有权委托他人（分包人）履行合同。在这种情况下，承包人对于发包人为总承包人，而对于分包人为发包人。总承包人对分包人承担发包人未履行或未适当履行义务的责任，对发包人承担分包人未履行或未适当履行义务的责任。如果立法或合同没有明确规定，发包人和分包人之间相互不承担任何责任。经总承包人同意，发包人有权与第三人签订合同，以完成个别种类的工作。在这种情况下，第三人直接对发包人承担未完成或未适当完成工作的责任。如果合同是同时与两个以上承包人签订的，而合同标的又不可分割，则承包人对于发包人为连带债务人，亦为连带债权人。如果债务是可分的，或者法律或各方协议又作出了明确规定，则每一承包人在其份额范围内对发包人享有权利，并承担相应责任。

承包合同中可以标明工作开始和终止的期限，在各方协商一致的情况下，合同还可以规定结束个别工作阶段的期限。如果合同没有特别规定，承包人对完成工作的开始和结束以及阶段性期限承担违约责任。这些开始、结束或阶段性期限，可以按照合同规定的程序予以变更。

3. 关于工程价款的规定。承包合同应标明完成工作的价款或确定价款的方法。如果合同中未标明价款，而各方经协商又未达成一致意见，则由法院根据通常情况下完成类似工作的价款确定，并考虑各方必须支付的费用。

工程价款可以通过预算的方式予以确定。在根据承包人编制的预算完成工作的情况下，自发包人确认之日起，预算对承包人有效，并成为合同不可分割的一部分。工程价款（预算）可以是暂定的或固定的。在合同中没有明确规定的情况下，工程价款（预算）是固定不变的。如果出现必须进行增加工作的情况，并因此而增加了工作价款，承包人必须及时通知发包人，并暂停工作。在未达成增加工程价款的情况下，承包人有权拒绝继续履行合同。在这种情况下，承包人有权向发包人要求支付已完成工作

第五章　哈萨克斯坦工程承包法律制度

部分的价款。未将必须提高价款情况及时通知发包人的承包人，必须履行合同，并保留按照合同确定的价款获得报酬的权利。

承包人无权要求提高固定价款，发包人亦无权要求降低固定价款。但在合同签订后，应由承包人提供的原材料和设备以及第三人提供服务的价格发生实质性提高，承包人有权要求提高价款，在发包人拒绝要求的情况下可以解除合同。

如果承包人的实际支出少于确定的价款（预算），但发包人不能证明承包人节约支出实质上影响了完成工作的质量，则承包人保留按照合同确定的价款获得报酬的权利。

如果承包合同中未规定完成工作或按阶段支付预算款，发包人必须在交付工作成果后支付承包款，条件是工作应符合相关要求，并在约定的期限内。经发包人同意，也可以提前交付。只有在法律文件或合同有明确规定的情况下，承包人才有权要求向其支付预付款或定金。

4. 关于原材料的规定。发包人可以进行物资采购，承包人必须节省使用发包人提供的原材料和物资。承包人在完成工作之后应向发包人提交使用材料账目，并返还剩余材料，或经发包人同意，根据尚留在承包人处的材料价值抵扣一部分工程价款。

承包人对于发包人为完成合同而提供的材料、设备及其他财产负保管责任。

5. 关于合同履行的规定。在不影响承包人活动的情况下，发包人有权在任何时间检查工作进度和质量。如果承包人没有按照合同规定开始履行合同义务，或完成工作非常缓慢，以至于已经不可能完成工作，则发包人有权拒绝继续履行合同，并要求赔偿损失。

如果在工作执行期间发现，合同已经不可能适当履行，则发包人有权为承包人指定消除缺陷的期限。承包人在指定期限内不能完成这一要求时，发包人可以委托第三人完成，费用由承包人承担，发包人并可要求承包人赔偿损失。

6. 承包人必须提醒发包人的情形。在接到暂停工作指示之前，承包人发现以下情况必须立即告知发包人：（1）发包人所提供的材料、设备、技术文件或移交加工的物品不可用或质量不合格；（2）按照发包人指示的方式执行工作可能给其带来不良后果；（3）影响所完成工作成果的实用性或稳固性或造成不能按期完成工作而不取决于承包人的其他情形。

没有及时告知发包人上述情形，或没有经过合理期限等待回复或无视发包人暂停工作的及时指示而继续工作，承包人在向其提出相应请求时无权引述上述情形为自己抗辩。

如果发包人无视承包人及时和根据充分地对上述情形的提醒，在合理的期限内未替换不合格或不适用的材料，不改变执行工作方法的指示或不采取必需措施消除影响工作实用性或稳固性的情形，承包人有权拒绝继续履行合同，并要求赔偿因终止合同而造成的损失。

发包人应在承包合同规定的范围内按照规定的程序给予承包人必要的协助。在发包人未履行上项义务的情况下，承包人有权要求赔偿损失，其中包括因停工或超期未完成工作而增加的费用支付，或提高工作价款。因发包人的行为或疏忽致使承包合同无法履行的情况下，承包人有权要求向其支付参照已完成工作部分预期利润。

发包人必须在合同规定期限内按照合同规定的程序，在有承包人参与的情况下检验和接收工作成果，发现所完成的工作成果与合同不符或其他缺陷，应立即向承包人提出。发现工作缺陷应在接收文件中注明，以便之后提出消除的请求。对于用通常方法即可发现的缺陷（明显的缺陷），发包人未经检查而接收工作成果的，丧失对工作缺陷的抗辩权。在接收之后发现工作成果存在不符合合同之处或其他不能以通常方法发现的缺陷（隐蔽缺陷），其中包括承包人故意隐瞒的缺陷，发包人必须在发现后的合理期限内通知承包人。发包人通知承包人隐蔽缺陷的期限为1

年。对于与楼房和设施有关的，以及不论何种工作或工程而为承包人故意隐瞒的缺陷，则为自接收工作之日起的3年。立法文件或承包合同可以规定更长的期限（担保期）。如果依照合同规定，发包人分批接收工作，则期限自工作成果全部接收时起计算。

7. 承包合同争议的解决。因工作缺陷在发包人和承包人之间发生争议时，应当进行相应的鉴定。鉴定费用由承包人负担，鉴定结果确定没有违反合同约定或所发现缺陷与承包人行为不存在因果关系的情形除外。如果双方达成协议进行鉴定，则由双方平均分担。对于承包人提供原材料的项目，如果发包人刻意回避验收工作成果导致了交付的延期，则承包合同项下标的的所有权自移交之时起移转为承包人所有。

8. 承包标的灭失或工作不可能完成时的各方结算。如果承包标的物在交付前意外灭失，或非因各方过错导致工作不能完成，则承包人无权要求支付工作报酬。如果承包合同标的物灭失或工作不能完成为发包人提供材料缺陷或其未完成工作指示方法所致，或发生在发包人迟延验收工作成果期间，在承包人不存在过错的情况下，承包人有权要求取得工作报酬。

9. 关于承包工程的质量。承包人所完成的工作应符合合同条件，如果合同中没有规定或规定不完整，应符合相应种类工作的通常要求。当然，还应该符合法律的强制性规定，某些种类工作的承包人应具备相应的资质。承包人可以承诺按照较强制性规定更高的标准要求完成工作。

10. 关于工程质量的担保。在法律或承包合同有规定的情况下，承包人提交的工作在全部保证期内应符合相应的质量要求。质量担保涵盖承包工作的全部内容。质量保证期的计算从发包人验收或应当验收工作成果之时起计算。

如果法律或承包合同没有明确规定，承包人完成的工作不符合合同质量要求或存在其他缺陷致使其不能使用，发包人有权按照自己的选择要求承包人：（1）在合理期限内无偿消除工程缺陷；（2）降低相应工程价款；（3）如果合同中规定发包人有权消除缺陷，要求承包人支付发包人为消除缺陷所发生的费用。

承包人有权无偿重新完成工作，以替代消除工程缺陷的工作，并赔偿因延期交付工作给发包人造成的损失。在这种情况下，如果工程成果性质能够返还，发包人应返还此前已交付的工程成果。如果工程不符合合同要求或工程存在的其他缺陷是实质性的，或无法消除，或在发包人确定的合理期限内无法消除，发包人有权解除合同，并要求赔偿损失。

二、建筑工程承包合同的特别规定

1. 依照建筑承包合同，承包人应在合同规定的期限内按发包人提出的任务建筑一定客体或者完成一项建筑工程，而发包人应为承包人创造完成工程的必要条件，验收工作成果并给付约定的价款。

建筑承包合同的内容是建筑或者改建建筑物（包括住宅）、构筑物或其他客体以及完成安装、调试或与正在建设的工程有关的其他工作。如果合同没有不同规定，建筑承包合同的规则也适用于对建筑物、构筑物的大修。

2. 在合同规定的情况下，承包人在发包人验收后的合同规定期限内对标的物的使用承担担保责任。

在"交钥匙"建筑合同项下，承包人对于建筑及其担保承担全部责任，并按照合同约定向发包人交付已符合使用条件的客体。在交付发包人并支付工程款之前，未完建筑的所有权人为承包人。

如果按照建筑承包合同完成的工作只是为了满足公民（发包人）日常生活或者其他个人需要，则对该合同相应地适用关

第五章　哈萨克斯坦工程承包法律制度

于日常生活承包合同中发包人权利的规定。

建筑客体在合同确定的交工期限之前因不可抗力坍塌或损坏，如果合同未另行特别规定，发包人应支付已完成工程和（或）复建工程的款项。

如果法律或合同没有其他规定，因意外事故导致的工程不能完成的风险，由发包人承担。工程意外增大的风险由承包人负担。合同可以规定可能的建筑风险全部由承包方承担（"交钥匙"建筑工程）。合同可以规定承包人购买风险为保险。在这种情况下，保险费计入建筑工程款。

建筑工程的安全责任由承包方承担。

3. 承包人必须依照确定工程范围和内容以及确定工程价款的预算项目文件进行工程建设，并符合对工程提出的其他要求。在合同中没有其他注明的情况下，承包人必须完成项目文件和预算文件中的全部工程。

承包人在建设施工中发现项目预算文件没有考虑到的工程而因此必须增加建设工程并提高建筑预算价款，则必须通知发包人。如果法律或合同对此没有规定，则在未收到发包人的相应回复时，承包人可以中止相应的工作，并由发包人承担相应的误工损失。如果承包人未尽通知义务，导致工程中止情况下在建工程客体的灭失或损坏，则承包人无权要求发包人支付增加工程价款和赔偿因此所受损失。

4. 如果承包合同中未规定工程的全部或特定部分由发包人提供物资保障，则由承包人承担建设工程的物资保障义务，包括配件和工具以及设备。对承担建筑工程物资保障义务的承包人，应对其提供的物资（配件、工具）和设备承担责任。在发包人提供物资（配件、工具）或设备出现质量问题的情况下，承包人有权要求发包人替换材料，如果这一要求不能得到满足，承包人有权拒绝继续履行合同，并要求向其支付已完成工程的价款，同时可以要求赔偿因此而造成的损失。

5. 发包人应在法律规定的期限内向承包人足额支付预算确定的工程款。如果双方协议没有其他规定，发包人应在验收项目客体后足额向承包人支付"交钥匙"工程合同中确定的价款。

6. 发包人应当及时向承包人提供合同中标明的地块，并使其处于可使用状态。如果合同中没有相应条款，则土地的面积和状态应保障在工程建设开始时可正常使用和正常管理。

建筑承包合同可以规定，由发包人将实施工程所必需的楼房和设施移交给承包人，保障重载物资的运输，及时供电、水和气以及其他服务，并按照合同规定的条件支付费用。

7. 在建筑承包合同中，发包人有权对工程进度和质量、遵守工程期限（计划）、承包人提供的材料质量以及使用发包人材料的正确性实施监督和监管，但不得干扰承包人正常的业务经营活动。发包人在对工程实施情况进行监督和监管中如果发现不符合合同条件足以影响工程质量，或存在其他缺陷，应立即告知承包人。未进行告知的发包人丧失在未来对所发现缺陷的抗辩权。

在施工过程中，承包人必须执行发包人的指示，前提是这些指示与合同条款不相抵触，并对承包人的业务经营活动没有构成干扰。

未以应有方式完成工程的承包人，无权以发包人未实施监督和监管为由逃避责任。

8. 如果建筑承包合同的工程因不可抗力等原因中止，项目停建，发包人应向承包人全额支付在停建前所完成的工程费用，以及赔偿因工程中止和停建所导致的费用支出。

9. 发包人收到承包人关于准备交付按照建筑承包合同所完成的工程成果的通知后，或收到关于准备交付合同规定的阶段性工程成果的通知后，应立即着手工程的验收。如果工程承包合同没有规定，发包人应自行支付费用组织和进行工程验收。在法律有明确规定的情况下，验收工程应有国家机关和地方自治机关的代表参加。

第五章 哈萨克斯坦工程承包法律制度

在验收工程时，承包人和发包人应制作交接单，并由双方代表在交接单上签字，在法律有明确规定的情形下，还要有国家机关和地方自治组织代表的签字。一方拒绝在上面签字，应在文件中注明原因。只有在法院认定拒绝签字的理由不充分的情况下，法院才可以认定工程交接单由单方签字有效。在法律或承包合同有明确规定的情况下，工程成果验收前可以进行预先试验。在这种情况下，只有在预先试验取得良好结果时方能进行验收。

10. 如果发包人发现工程存在缺陷，且该缺陷使工程既不能用于建筑承包合同规定的目的，又不能由承包人、发包人或第三人消除，则发包人有权拒绝验收。

承包人对建筑物、构筑物或者其部分降低或者丧失牢固性、稳定性、安全性承担责任。如果法律没有明确规定，建筑标的的担保期限为自发包人验收之日起的10年。

三、工程承包的资质与许可

1. 在哈萨克斯坦，工程承包和建设是高度管制的行业，如第一部分所述，需要烦琐的审批手续，办理多种许可证。规范工程承包的主要法律是2007年1月11日颁布的《许可证法》和2001年7月16日颁布的《建筑、城市开发和建设法》。需要工程承包公司特别注意的是两部法律的修正案已经于2012年1月30日生效。

根据新修订的《建筑、城市开发和建设法》和《许可证法》，哈萨克斯坦采取了更为严格的建筑许可审批标准，一共分为三个等级：

一级许可证可以允许建设各种复杂等级的建筑，它要求建筑公司必须具有在这一领域10年以上的工作经验；拥有二级许可证的承包单位有权利建设中等复杂程度的建筑以及三级许可证所允许的项目，要求承包公司要有 5 年以上在这一领域的工作经验；三级是基础等级，拥有三级许可证的承包单位可以建设简单的建筑，对工作经验也没有要求。

2. 根据行业的不同性质，某些工程建设项目还需要受专门法律法规的规范。比如天然气管道的工程建设项目受 2011 年 1 月 9 日颁布的《天然气与天然气供应法》规范，矿产资源开发的工程建设项目受《地下资源和地下资源使用法》的规范。按照法律规定需要进行公开招投标的工程建设项目，受《国家采办法》、《地下资源使用者采办规则》等法律法规的规范。

3. 哈萨克斯坦颁布的《许可证法》对于需要政府颁发许可证方可经营的项目进行了罗列。按照该法律，哈萨克斯坦境内的许可证可以颁发给：（1）哈萨克斯坦自然人或法人；（2）外国自然人、无国籍人、外国法人和国际组织。凡是符合特定许可的申请资质的主体，原则上不论是外国申请人还是国内申请人，均可以取得许可证。

许可证按照法律分为三类：（1）总许可证；（2）一次性许可证；（3）经营类许可证。总许可证针对某一活动的资质进行许可，没有时限；一次性许可证是根据经营活动的特定时间、次数或货物重量和数量等来颁发的许可证；经营类许可证一般颁发给银行和金融机构。

在哈萨克斯坦，许可证的适用范围还有地域限制，有些为全国许可证，有些为区域许可证。许可证所有人不得转让许可证，但是通过企业并购可以取得其他法人的某些许可证从事运营活动。

有关工程承包活动相关的许可证颁发机构和许可范围如表 5-1 所示。

第五章 哈萨克斯坦工程承包法律制度

表 5-1

审批机构	许可范围
石油与天然气部	技术建设与使用矿业、石油化工设施，石油与天然气设施（包括石油与天然气的生产，与其有关的技术、液化处理和钻井工作，以及油气田现场的维修、监测和安装工作等）； 石油与天然气井上防爆电子技术设备，地质设备和相关管线、电梯的生产、设计、安装和维修。
建筑与住房事务局	工程建设（包括建筑工程、铁路工程、技术设备的安装、建筑物等的维护与修缮等）； 设计与勘探工作（包括工程设计、地质勘探、测绘等）； 建筑行业的专家咨询与工程设计服务。
自然垄断管理局	电力和发电能源的生产、运输和销售，包括发电总站和分站的维护； 以供电为目的进行的电力采购； 石油与天然气处理设施的维护，天然气管线、原油管线，以及其他储备原油、天然气和成品油的设备维护。
环境保护部	环境工程与标准； 生态审计； 生态测评领域的服务。

申请许可证所需提供的材料根据特定行业的相关法律法规来确定。申请费用按照新税法典中对于许可证类别的分类来确定。在哈萨克斯坦，未经许可无证营业会受到行政处罚，甚至承担刑事责任。比较常见的行政处罚是罚款和没收非法所得。合同一方没有许可证进行交易的，合同无效，如交易已经达成，则该交易可撤销。根据哈萨克斯坦民法典，没有经营许可而从事特定行业的公司有可能因此而被清算。

根据哈萨克斯坦最新颁布的天然气与天然气供应法和新生效的许可证法修正案，天然气管道运营商只需要持有天然气管道运营总许可证即可开展天然气管道运输和管道建设维护运营等活动，在持有总运营许可证的情况下，不再需要申请天然气管道的建设、维护和运营等活动的单一许可证。

四、土地的征收征用和纠纷解决

哈萨克斯坦《宪法》和《土地法典》均承认土地私有权，在工程建设过程中，需要征收征用私人所有的土地时，必须进行协商谈判，并对土地所有人进行补偿。对于工程承包方来说，主要的协商对象并不是土地所有人，而是该土地所在地的当地政府及其执法机关（一般为国家安全委员会的分支机构）。因为土地的征收征用必须通过当地政府在其权限范围内与土地所有人协商进行。地方政府执法机关的执行力和积极性直接决定征收征用能否成功，以及取得土地的进度。具体补偿金额的确定，按照市场价格与土地所有人协商进行。

五、工程采购及招投标

哈萨克斯坦的政府机构、国家持有股份超过（含）50%的国有企业和私营企业，以及它们的附属机构，在采办产品服务时，应遵循2007年6月21日颁布的《政府采购法》的规范。《政府采购法》于2008年11月20日进行了修订。作为基本原则，国家采办必须通过招投标进行。由采办方组建的招标委员会开展招标工作。按照哈萨克斯坦招投标法律规定及《本土含量法》，哈萨克斯坦本地投标人在招投标中优先于外国投标人。

哈萨克斯坦监管国家采办的政府部门是财政部下属的金融控制委员会，金融控制委员会备有必须遵照政府采购法进行招投标的主体名单。

哈萨克斯坦法律对于石油、天然气和矿产行业的采办和招投标行为有专门的规定。地下资源使用者在采购运营所必需的产品、设备和服务时必须进行公开招标。只有特定产品和服务的提供商在市场上仅有一家时，才容许不经过招标单一采购。

哈萨克斯坦法律同时要求，地下资源使用者在进行地下资源开发运营选择采办产品服务的过程中，如果产品的质量、价格和标准相似，应优先采办本土公司的产品和服务，或者优先选择产品的生产或服务的提供95%依靠哈萨克斯坦本土劳动力的投标商。

第三节 哈萨克斯坦工程承包法律风险与防范

在哈萨克斯坦实施工程承包涉及的风险较多，有市场准入方面的工程承包资质与许可的合规风险；有招投标法或政府采购法等方面的设备与材料采购合规风险；有安全、环保与健康方面的合规风险；有外国管理人员、工人的工作许可合规风险；有用地方面的合规风险；有雇用当地劳工、遵守劳动法律方面的合规风险；有政策、法律变动风险，等等。此外还存在项目的商业风险，如工程预算、价格变动、突发事件（罢工、地震、霍乱、政局动荡、异常天气、金融危机）等方面的风险。无论是法律风险，还是商业风险，如果不能控制或预防，它们都将给项目的经济可行性带来重大不利的影响。

一、政策变动风险及防范

哈萨克斯坦为向市场经济过渡的转型国家，政策变动不可避免。外国投资者在哈萨克斯坦进行工程承包，首先要注意政策变动所存在的风险。因此，在签订承包合同时，不仅要研究哈萨克斯坦现行政策法规的相关规定，也要根据政治经济状况和未来发展规划，预测未来可能发生的政策改变以及这些变动所带来的风险，并对规避风险设计相应对策措施。

二、法律规定变动风险及防范

与政策风险一样，哈萨克斯坦现行法律体系虽已基本形成，但由于国家的转型性质和状况所决定，现行法不能完全适应社会的飞速变化和发展，随之而来的不断修订也在所难免。但较之国家政策，法律相对要稳定得多，因此，也相对缺少回旋余地，更应引起足够重视。

三、承包合同风险及防范

工程承包较为复杂，除对当地相关法规进行深入研究之外，签订承包合同是关键。为了避免在履行合同中出现争议，应尽可能以中国或发达国家工程承包合同为范本拟定，详细规定双方各种权利义务，以便在发生纠纷时分清各方责任。而且，最好约定选择在第三国解决争议，并选择适用第三国法律。

四、原材料价格变动风险及防范

工程承包合同，尤其是周期较长的合同，除一般条款外，应列入原材料价格变动条款。这对合同各方的利益都是一种保障。当然，这首先是对承包方利益的保障。

五、土地征用的法律风险及防范

在进行土地征收征用过程中，需要和征收对象进行协商，应注意协商对象必须为有权代表，即，只有土地的所有人才能够决定以什么样的价格和附加条件放弃其土地所有权。如土地所有权人为法人的，需与公司明确授权的谈判代表进行协商，对于谈判结果，需要该法人的股东出具决议认可方能够生效。明确此原则的情况下，可以避免重复和拖延的谈判，尽快完成土地征收征用，确保工期的按时进行。

对于已经征收征用的土地，需尽快办理所有权证明，务必保留取得土地支付合理价款的凭证和前期对土地所有权尽职调查的结论，以对抗未来可能出现的第三人诉求。

根据哈萨克斯坦法律，不动产相关的纠纷适用哈萨克斯坦法律。

六、工程管理模式选择风险及防范

工程承包项目的管理模式选择往往也是合同履行成功与否的关键。实践中，一个工程承包合同预算盈利很大，而最后结算时，发现所获利润与原来的预算相差甚巨，其中一个主要影响因素就是管理模式选择。在履行工程承包合同中，需要特别注意的是对整个工程进程的控制，包括以下几个方面：经营决策、资金控制、生产要素调配、项目成本控制、人事管理、物资采购、对外合同签订、交易控制、内部任务分配和分承包选择、利益分配等。[1]

---

[1] 参见王伟：《论在哈萨克斯坦工程总承包体制下的项目管理模式》，载《石油工程建设》2007年第6期。

第四节 典型案例

某中国企业承包哈萨克斯坦工程违约案

一、案情简介[①]

2006年,哈萨克斯坦某建筑项目的工程总承包合同正式签约。该项目位于阿斯塔纳经济自由区,是一座集饭店、办公、购物、娱乐于一体的多功能综合性建筑,合同总额约7 500万美元,总建筑面积74 694平方米。这一工程由一家中国企业中标。

但是,在承包合同实施过程中,全球性金融危机席卷各国,原材料涨价导致工程成本增加,迫使该中国企业不得不拖延工期;同时在项目投标时,该公司与负责项目管理且声称与哈萨克斯坦政府关系较好的一家俄罗斯公司关于协助申请中国建筑工人在哈萨克斯坦工作许可的责任约定不明,不能保证足够数量的熟练中国工人到岗,使得工期一拖再拖,不能按照承包合同约定履行承包方义务。最后负责项目管理的俄罗斯公司将争议提交有关仲裁机构进行仲裁,该中国企业被判赔偿发包方巨额违约金。

[①] 信息来源:俄罗斯新闻网、中国经济网。

二、法律分析

本案中,中国企业之所以在哈萨克斯坦工程承包失败,主要是没有对材料、设备价格上涨因素做出估计,因而没有设计针对出现该情形时如何保护自己利益的法律条款;其次,该企业虽然认识到工程承包按时完成的关键因素之一是有足够的熟练中国工人,并就此与项目管理方做出了约定,但约定文字只是项目管理方负责协助中国企业申请工作许可,没有硬性要求管理方有义务为中国企业取得工作许可,没有相应的处罚措施。即使是约定管理方有义务为中国熟练建筑工人取得工作许可,但由于项目管理方是俄罗斯公司,不是施工地——哈萨克斯坦的项目甲方,因此,这种约定也是难以得到兑现的,这种风险规避的措施也是不当的。

因此,实施海外工程承包应当从如下几个方面着手应对相关风险。

(一)签约时应考虑全面

工程承包项目一般标的额巨大,因此,在签订合同之前应做好准备工作,进行可行性分析和做好工程预算,考虑每个可能的风险性因素,尤其是经济情势变更以及政策性不可抗力。

(二)加强项目管理

合同签订仅仅是一个开端,良好的开端并不意味着项目的完成和最后的成功,艰苦细致的工作会贯穿于整个工程实施过程之中,因此,管理是关键,科学管理可以节省成本,最后当然会决定项目的成败。

（三）出现问题及时解决

在实施过程中，如果发现签约时没有预料到的问题，首先不是回避，而应正确面对，并及时想办法解决。中国企业在工程实施过程中很早就预见了项目会亏损，但没有及时解决，最后不仅投入的几千万美元没有收回，而且还要支付违约金，这是用金钱换来的教训。工程实施中出现问题应正确对待、设法及时补救，以免造成更大的损失。

第六章

哈萨克斯坦劳动法律制度

第一节 哈萨克斯坦劳动法律体系及基本内容

哈萨克斯坦有关劳工的法律体系由劳动、劳动安全与保护、居民就业等基本法律、总统令、政府决议等规范性法律文件构成。宪法规定公民享有劳动就业权利，立法机关和政府机构根据宪法制定相关法律和规章，以此构成哈萨克斯坦较为严密的劳动法律体系。

一、劳动基本法

（一）劳动法典

哈萨克斯坦于1999年12月10日颁布了《劳动法》（第493~1号），经修订补充后，由2007年5月15日颁布的《劳动法典》

（第257～Ⅲ号）取而代之。现行《劳动法典》又经多次修订，最后一次修订在2012年2月17日。

新的《劳动法典》由总则和分则两部分构成，共6编40章341条，较前《劳动法》的内容丰富许多。

6编分别为：（1）一般规定；（2）劳动关系；（3）调整个别工种员工劳动的特别规定；（4）劳动社会组织与集体关系；（5）劳动安全与保护；（6）劳动法执行监督。

40章分别为：（1）基本条款；（2）调整劳动关系国家机关的职权；（3）劳动关系主体和产生劳动关系的根据；（4）劳动合同；（5）保护员工个人数据材料；（6）劳动规章和劳动纪律；（7）劳动时间；（8）休息时间；（9）劳动定额；（10）劳动报酬；（11）职业培训、再培训和技能提升；（12）劳动就业；（13）保障和补偿；（14）劳动合同各方的责任；（15）个人劳动争议的审理；（16）调整未满18岁员工劳动的特别规定；（17）调整女工和其他负有家庭义务人员劳动的特别规定；（18）调整兼职工作员工劳动的特别规定；（19）调整重体力工作、危害（严重危害）工作和（或）危险劳动条件劳动的特别规定；（20）调整季节性工作劳动的特别规定；（21）调整全班工人员工劳动的特别规定；（22）调整家庭工作员工劳动的特别规定；（23）调整居家作业员工劳动的特别规定；（24）调整残疾员工劳动的特别规定；（25）调整民事服役员工劳动的特别规定；（26）调整小型企业员工劳动的特别规定；（27）调整法人负责人和委员会制法人执行机关成员劳动的特别规定；（28）调整国家公务员、议会议员、法官、军人和执法机关工作人员劳动的特别规定；（29）劳动社会组织；（30）劳动社会组织各方间协议的签订程序；（31）集体合同；（32）集体劳动争议的审理；（33）劳动安全和保护的国家管理；（34）员工劳动安全和保护权利的保障；（35）员工和雇主劳动安全和保护的权利和义务；（36）劳动安全和保护组织；（37）与劳动活动有关的损害员工健康的事故和其他损害的调查和统计；（38）国家监督；（39）劳动安全和保护的内部监督；（40）遵守劳动法的社会监督。

劳动法典的基本内容主要包括以下几个方面：

1. 雇主的责任及义务。雇主在雇用关系中承担的义务包括确定明确的工作地点，并且工作地点符合劳动法要求，在员工执行职务期间遭受健康损害的，雇主需要承担相应的民事责任。

2. 劳动合同期限。劳动合同的期限可以是固定期限或无固定期限。固定期限合同时间不得短于1年（工作性质本身为短期或仅是为临时顶替而设立岗位的工作除外）。在固定期限合同续约时，即视为无固定期限劳动合同。

劳动合同中容许设定试用期，但试用期不得超过3个月。在试用期结束前不晚于7个工作日，雇主可以通过书面形式解除劳动合同并说明理由。

3. 劳动合同的解除。哈萨克斯坦的劳动法律体系不支持雇主任意决定解除雇用合同，除了首席执行官的任免外，解除已签订的劳动合同比较困难。首席执行官可以通过所有者（股东大会）决议的形式被解雇，并按照之前雇用合同中约定的补偿金额获得一定补偿。同时，首席执行官辞职必须提前2个月通过书面形式递交辞呈。

雇主可通过三种途径解除与雇员的劳动合同：（1）经双方同意解除劳动合同；（2）由雇员主动提出解除劳动合同；（3）雇主单方提出解除劳动合同。

其中，经双方同意解除劳动合同的，应签署书面的解除劳动合同协议。没有签署解除劳动合同协议的风险在于雇员可能通过诉讼方式重新获得岗位或补偿。

当雇员自愿解除劳动合同时，雇员应在解除合同日前提前1个月书面通知雇主。

对于雇主单方提出解除劳动合同的情形，劳动法典作出了严格的限制，并规定了法定的劳动合同解除事由。

4. 最低工资。2011年哈萨克斯坦最低月工资标准为15 999坚戈。

5. 工作时间。法定普通工作时间为一周五天（40个小时）。每月累计加班时间不得超过12个小时，每日加班不得超过2小时。加班费用应最少为平时工资的1.5倍。夜间工作、法定节假日加班费用应最少为平时工资的两倍。

6. 休假。哈萨克斯坦有8个法定节假日。带薪年假最少为24个日历日（不包括法定节假日）。对于在危险或有害环境下工作的员工和身有残疾的员工，可以享受额外的休假。

7. 病假。雇员因暂时的身体不适或疾病可以申请休假，并享受每个月大约153美元的带薪病假工资额度。

8. 产假。根据雇员的个人平均薪酬标准，126天的产假（在难产、剖腹产等情况下为140天）薪水由国家社会保险基金承担。

9. 以外汇形式进行的补贴。在哈萨克斯坦境内的代表处或外国法人的分支机构可以通过现金或在境内银行开设外汇账户的形式，以外汇支付外籍员工工资，但本土员工的工资必须以坚戈进行结算。

10. 政策导向。在哈萨克斯坦雇用外国劳动力受《劳动力雇用法》及《雇用外国劳动力法》（2007年12月19日颁布的《关于确定颁发外国劳动力赴哈萨克斯坦境内工作许可的配额、条件及程序规则》）规范，其政策目标是最大化地增加本土员工的工作机会。对于单一国家间合作项目来说，由于聘用劳务人员专业技能和资质要求较高，并且项目人员数量有限，不可能影响哈萨克斯坦境内的就业情况。因此，对于工作许可的签发和外籍雇用人员配额的申请，实践中多通过与当地政府协商进行通融和豁免。如某能源开发公司申请的"关于颁发项目境外人员劳动许可和外籍人员配额"的总统豁免令被顺利签发。

(二)《居民就业法》

哈萨克斯坦2001年1月23日颁布《居民就业法》(第149~Ⅱ号),共分4章22条。该法适用于哈萨克斯坦公民、外国公民和无国籍人。基本内容主要包括:居民就业基本原则和国家政策导向、国家对居民就业的保障及保障的实现、负责就业的国家中央机关和地方机关、授权机关拟订就业计划纲要的义务、失业救济保障、失业登记、职业培训和技能提升等。

二、有关劳动就业的其他规范性法律文件

除立法机关按照法定程序通过颁行的法律之外,哈萨克斯坦总统和政府有权根据法律发布总统令和政府决议,对调整相关领域的法律关系制定详细的具体规则,使其更具有操作性和实践性。

有关劳动安全与保护的政府决议包括哈萨克斯坦2007年9月27日颁布的《关于批准劳动安全和保护及进行国家监督》第851号决议、2008年12月4日颁布的《关于批准能够确定2个月以上临时丧失劳动能力疾病的种类清单》第1171号决议(清单列有433种疾病)、2007年12月29日颁布的《关于批准计算平均工资统一规则》第1394号决议。

涉及招聘外国员工的政府决议包括2001年6月19日颁布的《确定定额和向雇主签发招收外国劳动力赴哈萨克斯坦共和国劳动许可规则》、《组织和资助失业人员职业培训、技能提升和再培训规则》的第836号政府决议、1999年6月25日颁布的《关于境外公民就业间接协助若干问题的决议》、《外国公民和无国籍人在哈萨克斯坦共和国境内和哈萨克斯坦共和国公民在境外

从事劳动和职业活动规则》的第862号决议。此前哈萨克斯坦还于1997年6月4日颁布了《关于签发与招收外国劳动力赴哈萨克斯坦共和国劳动以及从哈萨克斯坦共和国派遣劳动力赴国外劳动的程序和条件规则》的第924号决议。2007年7月31日哈萨克斯坦还颁布了第186号决议，规定限制妇女劳动的行业清单，主要限制妇女从事重体力劳动和高危作业等。

第二节 哈萨克斯坦有关聘用当地员工的法律规定

劳动关系的主体为员工和雇主，外国法人分公司或代表处的负责人以该法人公司名义行使权利，履行义务。自然人和法人在根据规范性法律文件、法院判决以及设立文件或授权委托书授予权能的范围内代表员工或雇主利益。

劳动关系产生的依据是员工与雇主之间签订的劳动合同。在哈萨克斯坦国家法律、公司设立文件、雇主规章、劳动合同有相关规定的情况下，按照法定程序可以选择员工担任相应职务、竞聘上岗、任命或批准担任相应职务、派遣工作、做出签订劳动合同的司法判决。

一、员工的基本权利和义务

（一）员工的基本权利

根据劳动法典的规定，企业员工的基本权利包括：（1）按照劳动法典规定的程序并依照法典规定的条件签订、变更、补充和解除劳动合同；（2）要求雇主履行劳动合同和集体合同的条件；（3）劳动安全和劳动保护；（4）获得有关劳动条件和劳动保护的完整和真实信息；（5）依照劳动合同、集体合同规定及时和足额领取劳动报酬；（6）依照法典规定领取停工期间的报酬；（7）休息，包括带薪年休假；（8）结社，包括设立工会和其他团体的权利；（9）通过自己的代表参与谈判和拟定集体合同以及查阅所签订的集体合同；（10）按照法典规定的程序参加培训、再培训和提高技能学习；（11）在履行劳动义务期间健康受到损害获得赔偿的权利；（12）参加社会强制保险权；（13）获得保障金和补偿金的权利；（14）以不与法律抵触的任何方式维护自身权利和合法利益；（15）不受任何歧视获得同工同酬；（16）诉诸协调委员会、选择的法院解决劳动争议的权利；（17）劳动场所符合劳动安全和劳动保护条件；（18）个体和集体防护手段、专门服装符合立法规定的劳动安全和劳动保护以及劳动合同、集体合同规定的保障条件；（19）在出现对健康和生命存在威胁的情况下拒绝执行工作，并将此事项通知直接负责人或雇主的代表；（20）在不符合劳动安全和劳动保护要求暂时停工情况下获得平均工资；（21）向劳动权力机构或其地方分支机构反映情况并提议对劳动场所进行劳动安全和防护条件调查，以及参加与改善劳动条件、劳动安全和防护有关事项的检查和审议；（22）对雇主在劳动关系和直接与劳动有关关系领域的行为（不作为）提出申诉；（23）依照劳动技能、所完成劳动的复杂程度、数量和质量以及劳动条件获得劳动报酬；（24）依照法典、其他规范性法律文件和集体合同参与单位的管理；（25）按照法典、其他法律的规定参与个体和集体劳动争议的解决，其中包括罢工的权利。

（二）员工的义务

企业员工负有以下义务：（1）依照劳动合同、集体合同、雇主的规章制度履行劳动义务；（2）遵守劳动纪律；（3）遵守劳动安全和劳动保护、安全防火和工作场所生产卫生的要求和规定；（4）爱护雇主和员工的财产；（5）通知雇主有关发生威胁人的生命和健康、雇主和员工的财产存放以及停工的情况；（6）不泄露在履行劳动义务时获得的涉及国家秘密、职务秘密、商业秘密或法律所保护的其他秘密信息；（7）在法典规定的范围内赔偿给雇主造成的损失。

二、雇主的权利义务

（一）雇主的权利

雇主有权：（1）自由雇用员工工作；（2）按照法典规定的程序和条件变更、补充、解除与员工签订的劳动合同；（3）在权限范围内发布规章制度；（4）设立和参加社会团体以维护自己的权利和利益；（5）要求员工执行劳动合同、集体合同、劳动规章和其他雇主规章制度的要求；（6）按照法典规定的程序和条件对员工加以鼓励、给予纪律处分、追究员工的物质责任；（7）要求员工赔偿在履行劳动义务时所造成的损失；（8）在劳动关系范围内诉诸法院以维护自己的权利和合法利益；（9）确定员工的实习期；（10）如果劳动合同规定，要求员工赔偿因培训所支付的费用。

（二）雇主的义务

雇主必须：（1）遵守劳动法、协定、集体合同、劳动合同、内部规章的规定；（2）按照法典规定的程序和要求，在招聘员工时与其签订劳动合同；（3）对劳动安全和劳动保护实施内部监控；（4）按照劳动合同向员工提供工作；（5）依照规范性法律、劳动合同、集体合同、雇主规章向员工及时足额发放工资；（6）使员工了解单位内部劳动规章制度、对员工工作具有直接关系的雇主其他文件和集体合同；（7）向员工代表提供进行集体谈判、集体合同签订以及监督履行所必需的全部完整和真实信息；（8）审议员工代表所提出的建议，进行集体谈判，按照法典规定的程序签订集体合同；（9）依照劳动法、劳动合同、集体合同规定保障员工的劳动条件；（10）保障员工履行劳动义务所必需的设备、工具、技术文件和其他手段；（11）执行国家劳动监督指令；（12）如果继续工作会给员工和他人的生命、健康造成威胁，及时停工；（13）给员工办理社会强制保险；（14）为员工办理劳动意外伤害险；（15）为员工提供带薪年休假；（16）保管并向国家档案部门提供能够证明员工劳动的文件以及续缴和提留其退休保障金的信息；（17）提醒员工关于劳动有害条件和危险条件以及可能造成的职业疾病；（18）采取措施避免工作场所和技术流程中危险的发生，对生产和技术改进开展预防工作；（19）准确进行工作时间登记，包括加班时间、有害健康的工作、危险工作条件、重体力劳动；（20）依照法典规定对员工进行职业培训和技能提升；（21）依照法律规定对给员工在履行劳动义务时所造成的生命和健康损害予以赔偿；（22）对劳动权力机关和国家劳动权力机关地方分支机构的公职人员、员工代表、劳动保护社会督察员在单位进行有关劳动安全状况、劳动条件和保护、劳动安全和保护法规遵守的检查以及生产安全和职业疾病的调查给予协助；（23）在招工时出示法律规定签订劳动合同所必需的文件；（24）制作员工手册，注明员工姓名，18岁以下员工还需标明其出生日期。

三、劳动合同

哈萨克斯坦的劳动法宗旨在保护劳动者的权利与合法权益，规定年满16周岁，或在家长（监护人）同意的情况下，年满15周岁，可以与雇主签订个人劳动合同。签订劳动合同应体现自由平等和自愿原则，否则应承担相应的责任。

禁止签订劳动合同的情形包括：根据医院出具的诊断书认为健康状况不允许的工作；与未成年人（不满18周岁）签订的从事重体力劳动的合同；与法院判决禁止担任某些职务的人员签订合同；在未按照法律程序办理招聘外籍员工工作许可的情况下与临时赴哈萨克斯坦的外国公民、无国籍人签订劳动合同。

个人劳动合同必须以书面形式签订。劳动法规定劳动合同可以是无固定期限合同或有固定期限合同（1年以上）。实践中短期合同的情况签订很少。重复签订短期劳动合同可以转变为无固定期限劳动合同。

除个人劳动合同外，还存在集体劳动合同。通常情况下没有必要签订集体劳动合同。但如果雇员或员工提出要求，则雇主必须考虑研究并签订集体劳动合同。

雇员可随时提出终止劳动合同关系，唯一的条件是在解除劳动合同1个月前通知雇主。雇主可根据自己的意愿终止合同，但要出具内部依据清单，主要有：裁减人员编制、雇员严重违反劳动纪律、无故在1个工作日内离岗3个小时以上、拒绝工作安排等。雇主要办理因雇员导致损失的民事法律责任保险。

第六章 哈萨克斯坦劳动法律制度

劳动合同中可以规定试用期，如未规定，则被视为无试用期劳动合同。试用期始于劳动合同效力开始之时。试用期计入工龄，并不得超过3个月。竞聘上岗工作的人员、受过中等和高等教育并已毕业从事本专业工作的人员以及残疾人员没有试用期。在试用期内，如果没有通过，雇主可以提前7个工作日通知试用期人员解除劳动合同，并告知原因；如果试用期届满，任何一方都没有提出解除劳动合同的要求，则员工被视为通过了试用期；如果在试用期届满之前，员工被雇主任命为高一级的工作，则员工被视为通过了试用期。

劳动合同终止的根据如下：（1）根据各方协议解除劳动合同；（2）劳动合同期限届满；（3）雇主提出解除劳动合同；（4）员工提出解除劳动合同；（5）与各方意志无关解除劳动合同的情形；（6）员工放弃继续劳动关系；（7）除哈萨克斯坦共和国法律规定的情形外，员工选择另外的工作或被任命到新的岗位任职；（8）违反劳动合同签订的条件。

雇主提出解除劳动合同的根据包括：（1）法人雇主清算或自然人雇主活动终止；（2）单位裁员；（3）员工所具有的技能不能胜任其所担任的工作；（4）员工的健康状况不符合工作要求；（5）试用期未通过；（6）员工在一天之内无正当理由3个小时以上离岗；（7）员工在工作时间酗酒、吸毒或处于酗酒、吸毒状态；（8）员工违反劳动保护或消防安全或交通安全规则导致或可能导致严重后果；（9）员工在工作地点偷窃他人财物、故意损毁或毁坏已由生效法院判决确定的财产；（10）员工辜负雇主重托实施错误行为或不作为；（11）负责教育工作的员工实施了不道德的行为不宜继续该工作；（12）泄露在工作中知悉的国家机密和其他受法律保护的秘密；（13）受过纪律处分的员工没有正当理由再次未履行或未适当履行劳动义务；（14）在哈萨克斯坦共和国法律规定的情形下终止员工接触国家机密；（15）在签订劳动合同时员工提交了明显虚假的文件或信息，这些文件或信息足以导致雇主拒绝与其签订劳动合同；（16）雇主执行机关负责人、其副手或雇主分支机构负责人违反劳动义务导致雇主的物质损失；（17）因临时丧失劳动能力员工连续2个月不上班，怀孕或休产假及患有疾病的除外；（18）员工实施了贿赂违法行为，从而依照司法文书已丧失继续工作的可能性。

员工可以提出解除劳动合同，但应提前1个月书面通知雇主，并说明不能继续工作的理由。

在哈萨克斯坦每周连续工作5~6天，正常连续工作时间每周不得超过40个小时。对于未成年人（14~16岁）从事繁重工作每周连续工作应缩短至24~26小时。

雇员每年享受带薪休假，连续休假时间不得少于18天。个别工种休假连续时间，由其他法规另行规定。

雇主要向临时失去工作能力的雇员支付社会补助金，其标准根据雇员的月平均工资确定。雇员的工资数额由雇主自行确定，但不能低于国家预算法规所确定的最低工资标准。工资只能以货币形式支付，而且支付的时间不得晚于下个月的上旬。

第三节　哈萨克斯坦有关境外用工许可的法律规定

哈萨克斯坦对外国劳动人员实行严格的工作许可制度。在哈萨克斯坦从事有偿劳务的外国公民必须获得劳动部门颁发的工作许可，否则将受到罚款、拘留等处罚，直至驱逐出境。哈萨克斯坦劳动部门对外国劳务数量实行总量控制，以州为单位核发劳动许可证。

第六章 哈萨克斯坦劳动法律制度

一、工作许可申请程序

哈萨克斯坦有关法律规定，每一名进入哈萨克斯坦工作的外国公民都必须获得当地的劳务许可，"进入哈萨克斯坦从事劳务活动的外国人和无国籍人如未获得劳动管理机构颁发的劳动许可证，且两国间未签署其他解决程序协议，可将其驱逐出境"。

（一）应提交的文件

外国公民在哈萨克斯坦申请劳动许可应提供相应文件和缴纳相关费用。

1. 法人和自然人申请劳动许可应提供的文件包括：标准格式的申请书；申请者符合从事该项经营所专门要求的证明文件；已交付从事某个别行业所需费用的证明文件。

2. 外国公民由吸收劳务单位在获得批准的基础上代为申请劳动许可，所需文件包括：接收单位申请书；由接收单位签名、盖章的来哈萨克斯坦外籍专家、工作人员的姓名、出生日期、国籍、专业或文化程度、将担任何种职务等文件清单共5份；与雇主单位签订的劳务合同；哈萨克斯坦卫生部所要求的体检证明（包括艾滋病检验证明）。

（二）应缴纳的费用

申请劳动许可应缴纳的费用包括：（1）相当于20个月核算基数的许可费；（2）在哈萨克斯坦工作的每个专家每月应缴纳相当于3个月核算基数的补偿费用；（3）工作人员每月应缴纳相当于4个月核算基数的补偿费用；（4）高于回程机票金额

20%的保证金,如本人持有回程机票,则无须缴纳保证金,但必须提供回程机票的复印件;(5)每人应缴纳1 000美元保证金(按当时比价兑换成坚戈),离开哈萨克斯坦国境时返还。

(三)提出申请

由用工单位——雇主向当地就业机关提交附带以下文件的引进劳务申请:外国工人的个人信息;职业技能的要求;外国工人数量的依据,外语水平标准,海外供职经验;报纸刊登广告原件;通过网站资料库检查搜寻的结果;就业中心当地工人职业空缺的回复和拒绝接受空缺职位的理由;过去所发许可中附加条件的执行情况;护照复印件;外国工人学历证书复印件(公证件);艾滋病检验结果证明(由艾滋病检验中心签发);劳动合同复印件;公司情况概述(俄文本,加盖公司公章);岗位培训证书;用于外国工人返回常驻地机票和路途住宿费用的银行存款证明(遣返抵押费)。

地方劳务主管部门在向雇主发放外籍劳务许可证时应事先以书面形式责成雇主履行下列特别义务:(1)外籍劳务人员须对哈萨克斯坦公民进行职业培训,以便日后哈方员工能胜任该外籍人员的岗位;(2)对区域劳动力市场有需求且地方劳务主管部门许可的哈方专业人员进行培训;(3)对哈萨克斯坦公民进行技能升级,以便日后替代外籍员工;(4)以具备相应技能的哈萨克斯坦公民替代外籍员工;(5)给哈萨克斯坦公民创造更多的工作岗位。

如果在哈萨克斯坦境内从事经营活动而未组建分公司、代表处的外国法人——雇主按照合同派自己的员工来哈萨克斯坦做工程、提供服务,那么与其获得劳动许可有关的文件由发出邀请的法人(包括在哈萨克斯坦境内从事经营活动的外国法人通过分公司、代表处)办理。

（四）签发许可

办理外籍员工的劳务许可证，雇主或其委托人须按照《劳务配额确定办法》的规定向外国劳务人员从事劳务活动所在地的劳务主管部门递交申请和相应文件。

地方劳务主管部门自收到申请及相应文件之日起20个工作日内作出是否发放劳务许可的决定，该决定自作出之日起5个工作日内通知雇主。如果拒发许可证，须说明原因，如：提交的文件不全或不符合《劳务配额确定办法》规定的格式要求；未履行上年度及本年度已发放许可证特别义务，其期限已经届满；超出已分配的配额；所聘用的外国劳务人员不符合等级及专业要求；哈萨克斯坦国内劳务市场具有同类人员；雇主在没有许可证的情况下聘用了其他的外国劳务人员（在这种情况下，自查实之日起1年内不予颁发许可证）。

雇主自收到通知后的20个工作日内向地方劳务主管部门提交外国劳务人员在许可证有效期结束时返回常驻地的担保文件（银行与雇主之间证明雇主已缴纳保证金的合同复印件）。

地方劳务主管部门在审核后发放许可证。该许可证不得转让给其他雇主，且仅在相应的行政区域单位内有效。雇主可派遣获得劳务许可的外国员工前往位于其他行政区域的企业或单位出差，但在1年内不得超过120个日历日。

以下情况不予核发相应许可：申请人没有提供某些或全部必要的文件；申请人没有完成过去所发许可证中规定的附加条件；所在地区的额度已满。

按照哈萨克斯坦《劳务配额确定办法》第11条的规定，只有在哈萨克斯坦国内劳务市场无法满足企业用工需求的情况下，才允许招聘外国员工。

（五）外国劳务许可证延期程序

雇主至少应在劳务许可证到期前 20 个工作日内向地方劳务主管部门提出延期申请，并提交相应文件：申请书、上年度及本年度已发放许可证特别义务履行期限届满的信息、延期理由。

下列人员的劳务许可证可以延期：（1）外国法人或自然人注册资本超过 50% 的企业负责人；（2）外国法人或自然人注册资本超过 50% 企业的董事会成员；（3）高校及科研机构的教师及科研人员；（4）参与实施《哈萨克斯坦 50 家领先企业规划》项目的外籍工作人员及对工艺设备进行安装、调试及操作的外国承包商；（5）符合国际劳务协定的季节性农工。

以下情况不得延期：提交的文件不全或不符合《劳务配额确定办法》规定的格式要求，未履行上年度及本年度已发放许可证特别义务，其效力期限已经届满。

地方劳务主管部门对过期的许可证要求延期的申请不予受理，并有权中止许可证。

（六）许可证撤销程序

按照《劳务配额确定办法》第 46 条的规定，在下列情况下可撤销许可证：（1）雇主未对地方劳务主管部门中止许可证的原因进行改正；（2）雇主未履行《劳务配额确定办法》规定的许可证特别义务；（3）所聘外国员工任职（职业或专业）与许可证指明的职务（职业或专业）不符；（4）雇主的要求。

地方劳务主管部门将在一个月内书面通知雇主是否撤销许可证并说明原因。

雇主在收到撤销许可证的书面通知后，应按照地方劳务主管部门的决定自许可证有效期终止之时起 3 个工作日内将许可证交回颁发机关。

二、劳务配额制度

哈萨克斯坦共和国对赴哈萨克斯坦的外国公民工作实行配额制度,中央一级的主管部门为哈萨克斯坦劳动与居民社会保障部。自2005年以后,哈萨克斯坦劳动与居民社会保障部将外国劳务许可证配额的发放权利下放到各州,由各个州的劳动社会保障局执行。

哈萨克斯坦劳务许可证制度有别于其他国家,许可证只发给雇主,而不是工人本人,许可证不能转让给第三方。因此,雇主对获得劳务许可负有直接责任。

申请劳务许可的外国人员年龄不能低于23岁,男性不能高于63岁,女性不能高于58岁。对外国工人的技能指标和评价要客观公正,并确实优于哈萨克斯坦当地的同专业人员;外国申请劳务许可人员的所属公司需有使用哈萨克斯坦本地劳动力的计划,尤其是工程技术和管理人员,列出本地人员替换外国工人的计划和培训本地人员专业技能的计划等。

根据哈萨克斯坦政府决议,2011年外国劳务配额为全国劳动力人口的0.85%,同比增加0.1%。其中,第一、二类(管理人员、高中级职业技术人员)占0.35%,第三类(熟练工人)占0.35%,第四类(季节性农民工)占0.05%。哈萨克斯坦目前全国就业人口为850万~900万人,可引进的外国务工人员为7.2万~7.6万人。

根据法律规定,无须办理劳务许可人员包括:外国公司的负责人,外国公司代表处和子公司的负责人;来哈萨克斯坦短期出差人员,连续停留时间不得超过45个日历日;与哈萨克斯坦签订有5 000万美元以上的投资合同的外国公司负责人;在哈萨克斯坦经济优先领域进行投资活动并与国家授权机关签订投资合同的外国法人代表；外国银行和保险公司的负责人；在哈萨克斯坦注册的外交、国际组织和领事代表处的工作人员；来哈萨克斯坦从事人道与慈善援助人员；在哈萨克斯坦注册的外国传媒代表；外国组织的海洋、河船的全体乘务人员和航空机组人员，铁路和交通乘务人员；演员和运动员；持有哈萨克斯坦居住身份证者；难民或在哈萨克斯坦获得政治避难者。

第四节 哈萨克斯坦劳动用工法律风险与防范

在哈萨克斯坦投资企业从事经营活动，必然要雇用员工，包括国内和国外的员工。雇用员工的法律风险也包括两个方面，即本地员工与外籍员工。在用工过程中随时都会遭遇到法律风险，如何规避风险和避免企业损失，这是包括中国投资者在内的外国投资者需要首先考虑和注意的问题。

一、哈萨克斯坦劳动用工法律风险

（一）员工的权利

在哈萨克斯坦用工方面的法律风险首先要注意的是不要侵犯员工的权利，尤其应当从如下几个方面维护员工权利：（1）按照劳动法典规定的程序并依照法典规定的条件签订、变更、补充和解除劳动合同；（2）确保劳动安全并获得劳动保护；（3）获得有关劳动条件和劳动保护的完整和真实信息；（4）依照劳动合同、集体合同规定及时和足额领取劳动报酬、领取停工期间的报酬、不受任何歧视获得同工同酬；（5）休息，包括带薪年休假；（6）结社，包括设立工会和其他团体的权利；（7）按照法典规定的程序参加培训、再培训和提高技能学习；（8）在履行劳动义务期间健康受到损害获得赔偿的权利、获得保障金和补偿金的权利；（9）参加社会强制保险的权利；（10）以不与法律抵触的任何方式维护自身权利和合法利益，包括诉诸协调委员会、选择法院解决劳动争议的权利；按照法典、其他法律的规定参与个体和集体劳动争议的解决，其中包括罢工的权利；（11）依照法典、其他规范性法律文件和集体合同参与单位的管理。

（二）雇主的义务

在雇主与员工的关系中，除不侵犯员工的权利外，另一个更为重要的方面是注意履行雇主的义务。根据哈萨克斯坦劳动法典的规定，雇主的义务主要包括如下几个方面：（1）遵守劳动法、有约束力的协议、集体合同、劳动合同、内部规章的规定；（2）按照法典规定的程序和要求，在招聘员工时与其签订劳动合同和集体合同，在招工时出示法律规定签订劳动合同所必需的文件；（3）对劳动安全和劳动保护实施内部监控，保障员工人身安全，并创造不损害人身健康的劳动条件；（4）依照哈萨克斯坦规范性法律文件、劳动合同、集体合同、雇主规章向员工及时足额发放工资；（5）使员工了解单位内部劳动规章制度、对员工工作具有直接关系的雇主其他文件和集体合同；（6）向员工代表提供进行集体谈判、集体合同签订以及监督履行所必需的全部完整和真实信息；（7）保障员工履行劳动义务所必需的设备、工具、技术文件和其他手段；（8）执行国家劳动监督指令；（9）为员工办理劳动意外伤害险，依照法律规定对给员工在履行劳动义务时所造成的生命和健康损害予以赔偿；（10）为员工提供带薪年休假；（11）保管并向国家档案部门提供能够证明员工劳动的文件以及续缴和保留其退休保障金的信息；（12）依照法典规定对员工进行职业培训和技能提升；（13）对劳动权力机关和国家劳动权力机关地方分支机构的公职人员、员工代表、劳动保护社会督察员在单位进行有关劳动安全状况、劳动条件和保护、劳动安全和保护法规遵守的检查以及生产安全和职业疾病的调查给予协助；（14）制作员工手册，注明员工姓名，18岁以下员工还需标明其出生日期；（15）准确进行工作时间登记，包括加班时间、有害健康的工作、危险工作条件、重体力劳动等。雇主不履行或不适当履行这些法定义务，有可能被追究法律责任。

二、哈萨克斯坦雇用外籍员工法律风险

在哈萨克斯坦的投资者（雇主）雇用外籍员工，要遵守哈萨克斯坦有关聘用外籍员工的法律规定。为了尽量满足国内居民的充分就业，哈萨克斯坦通过立法（居民就业法）和相关政策的调整，对企业招聘外籍员工赴哈萨克斯坦工作作出限制，实行配额制度，并在此基础上规定，凡赴哈萨克斯坦工作的员工，都必须首先办理许可手续，否则即为违法，应承担相应的法律责任。

（一）外籍劳务配额

为了给本国劳动力创造劳动机会，哈萨克斯坦通过立法在数量上限制外国公民赴哈萨克斯坦工作，根据经济发展和本国公民就业情况每年拟定接受外国公民在哈萨克斯坦工作的配额，起初由哈萨克斯坦国内中央机关统一控制和发放，之后下放到州一级政府相应机关负责。在哈萨克斯坦从事经营活动的企业，如果计划聘请外国公民赴哈萨克斯坦工作，则应提前向哈萨克斯坦政府地方相关部门按照规定程序提出申请，填写格式申请表格，并提

交法律要求的相关文件。

（二）赴哈萨克斯坦劳务许可

依照哈萨克斯坦相关法律的规定，企业应在每年的10月1日前向当地相关机构提出聘请外国公民赴哈萨克斯坦工作申请，提交相应文件，缴纳相关费用。获得许可后，准备赴哈萨克斯坦工作的人员方能申请签证。应予注意的是，获得许可仅是暂时的，在许可期限届满之前，如果需要继续在哈萨克斯坦工作，则应提前提出延期申请。延期申请获得批准后，该员工才能继续在哈萨克斯坦工作，否则只能返回各自的国家。违反规定，则应承担相应的法律责任。这种责任不仅由违反者本人，即延期滞留的员工本人承担，同时，招聘企业即雇主也要承担相应的法律责任，包括行政处罚和罚款等，之后申请聘用外国劳务许可也将因此受到限制。

三、哈萨克斯坦劳动用工法律风险的防范

（一）雇用哈萨克斯坦本国员工的法律风险防范

在哈萨克斯坦雇用本地员工，应注意的法律风险防范措施包括：（1）遵守哈萨克斯坦劳动法及其他法律的规定；（2）注意签订劳动合同，包括与劳动者个人的劳动合同和集体劳动合同；（3）维护员工劳动法和其他法律规定的权利，也包括结社和参加工会及其他社会团体的自由和权利；（4）按照法律和合同规定给员工按照足额发放工资及其他劳动报酬；（5）遵守休假和休息制度，让员工充分行使休息的权利，包括日常和节假日的休息；（6）在法律规定的范围内，按照法律规定的程序制定企业

内部规章制度，内部规章制度不能违反法律的规定；（7）注意法律规定的与员工签订劳动合同和解除劳动合同的条件，尤其是雇主提出解除劳动合同的条件不能违反法律的规定。

（二）雇用外籍员工的法律风险防范

雇用外籍员工，应注意的法律风险防范措施包括：（1）除哈萨克斯坦本国法律之外，还应遵守员工本国法，即如员工为中国籍，除应遵守哈萨克斯坦有关劳动法之外，还应遵守中国有关劳动法的规定，企业或员工违反中国相关法律的规定亦应承担相应的法律责任；（2）按照哈萨克斯坦法律规定的程序向相关部门提出聘用外籍员工的申请，以便获得相应配额；（3）在获得许可的范围内，聘用外籍员工赴哈萨克斯坦工作；（4）在聘用外籍员工工作许可期限届满前，如果企业需要继续聘用外籍员工工作，则应提前向有关部门提出延期申请；（5）违反相关规定有可能被撤销许可，从而会影响企业的经营活动。

第五节 典型案例

国内某能源企业在哈萨克斯坦油气合资公司劳资纠纷案

一、案件概况

国内某能源企业下属阿克纠宾油气股份有限公司在哈萨克斯

第六章　哈萨克斯坦劳动法律制度

坦西部的阿克纠宾州开采原油，为哈萨克斯坦五大石油生产公司之一。按2007年统计结果，其产量约占哈萨克斯坦石油产量的8.6%。它也是阿克纠宾州石油开采量最大的公司（2007年统计占整个州开采量的76%）。2010年油气产量已接近1 000万吨，有职工近8 000人。

2010年上半年，阿克纠宾油气股份公司员工内部到处流传着一个消息：公司打算剥离运输部门，集体解聘现有2 000名员工。于是，运输部门部分哈萨克斯坦员工组建了名为"稳定"的独立工会，向公司领导层提出提高员工工资、改善待遇等要求。在州政府的调停下，工会与公司就薪资待遇等问题举行了多轮谈判。中资代表承诺当年6月加薪15%，8月再加20%。工会代表不同意这个解决方案，认为两大油田各车库职工收入普遍不高于50 000坚戈（约合人民币2 200元），工资过低；平时基本没有节假日，劳动时间从早5点到晚6点甚至更长；假如休息日不上班，工资还要减为35 000坚戈（约合1 500元人民币）；公司还串通地方政府取消了原有的环境补贴（折合职工工资的60%），改为每月发放10 000坚戈（人民币450元左右）。此外，公司车辆破旧不堪，管理层一直让司机垫付维修费并限量供给燃料。公司领导层也不让步，于是谈判陷入僵局。

6月16日，第四车库员工（近400人）发动了警告罢工，封锁了车库大门。运输部的管理者顶替上岗，一度遭到工人阻拦起哄，随后终于放行。罢工者要求加薪至25万坚戈，表示在哈萨克斯坦每个油企同等工作的薪资不低于这个数。工人们还要求更新设备、报销维修费以及撤换对哈萨克斯坦工人的难处不屑一顾的运输主管。"稳定"工会副主席库·库里穆托夫声称："我们想得到其他地区石油工人的待遇。"

由于公司负责人迟迟不到，预定的短暂"警告性罢工"延长至傍晚。在副州长和几名检察院官员簇拥下，一位公司高层代表来到罢工现场，对工人提出的要求，资方代表表示先复工，10

日后答复，并许诺不开除任何人。次日早班，第四车库恢复正常上班。同日，肯基亚克油田500名司机短暂停工表示声援。6月17日，公司将3位罢工领导人告上区法庭。次日，法庭以"稳定"工会未遵守罢工流程（事先没举行全体会议通过相关决议）为由，认定罢工"非法"，并对3名被告处以小额罚款。

公司给车库职工分别在7月上调20%（之后10月又上调15%）的工资。但工会方面认为没有达到他们提出的要求，继续发动职工与公司对峙。8月12日区法院重申罢工"非法"。几天以后，公司以"旷工"名义解雇了这3名"稳定"工会的干部。

8月25日部分司机联名发表致资方的公开信，再次要求改善劳动待遇。同日，第四车库员工又进行了2小时的警告性罢工。但公司领导层没有退让。公司以运输部管理层的名义发表复信，警告工人遵守劳动纪律和劳动合同的约定，否则将要承担责任，可能受到行政处罚，或可追究刑事责任。

同年10月12日，当地州法院再次判决"6·16罢工"非法。虽然公司采取多种防范措施，但"独立"工会的活动并没有完全停止。资方以儆效尤，取消了16名工会积极分子的包餐福利。

目前，由于哈方政府的调停和双方彼此做出的一些让步和妥协，事件得以平息，劳资双方暂时相安无事。

二、案件分析

不像西方发达国家，哈萨克斯坦的工会组织并不强大，可以说是刚刚起步，但会慢慢成长。阿克纠宾油气股份公司这次罢工风潮是个信号，2011年4月石油工人大规模罢工浪潮的发生，证明哈萨克斯坦工人运动和工会组织已经有了一定的发展。这一切都应该引起中国在哈萨克斯坦雇有当地员工企业的足够重视。注意在提高工人待遇的同时,还要调动他们的劳动积极性,相应提高他们的生活待遇,避免产生矛盾,给企业带来损失。

劳资关系处理不好,不仅是企业经济上的损失,而且会引发其他问题。此次罢工风潮,就被有些哈萨克斯坦政治派别所利用,鼓动将哈国石油资源从外国投资者手中收回,转为国有。

在海外投资中,劳资纠纷是一个经常发生的问题。中国海外投资者应熟悉并仔细研究投资所在国的劳动法及劳动行政法规,与当地雇员签署约定明确的劳动合同。尤其在公司兼并与收购项目中,往往涉及裁员事项,投资方首先应当及时识别并高度重视可能引发的相关风险,从根本上切实维护法律赋予员工的权利,其次应加强沟通协调,在出现争议的情形下积极控制局面,避免事态扩大。更重要的是,收购方应当在收购协议中就员工安置责任及可能引发的相关风险的承担方式与出让方达成一致安排,比较好地维护了自身的利益。

第七章

哈萨克斯坦争议解决法律制度

第一节 哈萨克斯坦争议解决机制概述

一、有关争议解决的立法

根据1995年6月19日颁布施行的《外国公民法律地位法》规定，外国公民（包括自然人和法人）和无国籍人在哈萨克斯坦享有与其国民相等的权利和自由，并承担相应的义务（国民待遇），法律另有规定的除外（在选举权、服兵役等方面受到限制）。在权利受到侵害时，根据对等原则有权按照哈萨克斯坦法律规定的程序向法院提起诉讼，也可以寻求其他途径解决争议。

哈萨克斯坦《仲裁法院法》（1992年1月17日）对仲裁法院（арбитражный суд）的组成和职能等事项进行了规定。在哈萨克斯坦，仲裁法院是司法体系的组成部分，根据宪法独立行使司法职权，为商事法院，主要解决经济或合同纠纷。

《仲裁庭法》规定仲裁庭（третейский суд）对商事纠纷进行仲裁的有关程序和仲裁庭的职能，是真正意义上的仲裁法，适用于自然人与法人之间所签订的民事法律合同所发生纠纷的争议关系。

《集体劳动争议和罢工法》（1996年7月8日实施），规定调整解决集体劳动争议程序和方式以及实现罢工权的程序。

在程序法方面，《民事诉讼法典》（1999年7月13日公布）是基本法。在1999年颁布施行后，又几经修订，最后一次修订是2012年2月17日。

二、中哈双边投资争端解决机制的建立与发展

自1992年1月3日中国和哈萨克斯坦建立外交关系以来，中哈两国政府先后签署了多项双边条约和涉及各领域的合作协议、协定等，为建立双边经贸争端解决机制建立了国际法基础。

这些双边条约和协定主要有关于公民相互往来协定、两国政府关于建立经贸、科技合作委员会协定、关于中国在哈萨克斯坦开办商店的协定以及中哈两国领事条约、中哈政府文化合作协定、关于开放边境口岸的协定、鼓励和保护投资的协定等文件。具体有1992年签署的《中华人民共和国和哈萨克斯坦共和国政府关于开放边境口岸的协定》；1997年签署的《两国政府关于在石油天然气领域合作的协议》；2000年签署的《中哈经济技术合作协定》；2004年双方又签署了《中华人民共和国与哈萨克斯坦共和国政府关于成立中哈合作委员会的协定》、《中华人民共和国政府和哈萨克斯坦共和国政府关于在油气领域开展全面合作的框架协议》、《中华人民共和国政府和哈萨克斯坦共和国政府关于经济贸易合作协定》、《中华人民共和国铁道部和哈萨克斯坦共和国运输通信部铁路运输合作协定》等文件；2006年两国政

府签署的文件有《中华人民共和国和哈萨克斯坦共和国21世纪合作战略》、《中华人民共和国和哈萨克斯坦共和国经济合作发展构想》等；2008年签署了《中华人民共和国政府和哈萨克斯坦共和国政府非资源经济领域合作规划落实措施计划》；2010年签署了《关于中哈天然气管道二期设计、融资、建设、运行原则协议》、《关于修订中哈两国政府间在非资源领域开展合作协定措施计划的议定书》。

其他一些合作协议包括：《中华人民共和国和哈萨克斯坦共和国政府关于对所得避免双重征税和防止偷漏税的协定》（2002年），《中华人民共和国和哈萨克斯坦共和国关于民事和刑事司法协助的条约》（1995年），《中哈商检协定》、《银行合作协定》、《汽车运输协定》、《中哈海关合作与互助协定》、《哈中能源海关监管协议》、《利用连云港协定》、《北京市与阿斯塔纳市建立友好城市关系协议书》（2007年）[1]，中哈两国海关签署的《对中哈两国双边贸易海关统计数据对比分析的办法》、《中哈进出境货物和运输工具信息预先交换议定书》（2010年）。

中国与哈萨克斯坦都是上海合作组织（以下简称上合组织）成员国。2000年9月12日，哈萨克斯坦外长伊德利索夫致函时任中国外长唐家璇，建议当年年底在哈萨克斯坦首都阿斯塔纳市举行"上海五国"总理第一次会晤。2006年上合组织签署的有关教育、经贸和金融合作的文件有：《上海合作组织成员国政府间教育合作协定》、《上海合作组织实业家委员会决议》和《上海合作组织银行联合体成员行关于支持区域经济合作的行动纲要》。

推动成员国货币互换的开展是上合组织内经贸关系发展的需要和加强未来经济一体化的重要助推器。双边货币互换能够大大降低交易时间和成本，有效地避免金融危机对成员国汇率和实体经济造成的影响，降低贸易风险。中国工商银行已在哈萨克斯坦

---

[1] 信息来源：中华人民共和国外资部网站，http://www.fmprc.gov.cn/chn/gxh/tyb/。

第七章　哈萨克斯坦争议解决法律制度

各主要城市建立人民币直接兑换坚戈系统，并可从设置于各商业区的 ATM 机上使用银联卡取现，极大便利了中国商人在当地的生活和投资活动。

2004 年 7 月 27 日，新疆维吾尔自治区与哈萨克斯坦阿拉木图州签署了《关于建立中哈霍尔果斯国际边境合作中心的框架协议》，之后中哈两国政府签订了《关于建立中哈霍尔果斯国际边境合作中心的框架协议》和《关于中哈霍尔果斯国际边境合作中心活动管理的协定》等。在两国中央政府及地方政府联合推动下，中哈霍尔果斯国际边境合作中心正稳步向前推进，在未来两国经贸合作争端解决中，将会发挥巨大作用。

应当指出，哈萨克斯坦虽然早已开始加入世贸组织谈判，但至今尚未成为世贸组织成员，中哈之间经贸纠纷还不能通过世贸组织并适用其规则予以解决。

中哈两国都签署了《解决国家与他国国民间投资争端公约》（即《华盛顿公约》，2004 年 7 月 20 日对哈萨克斯坦生效），如果成员国国家（政府）与他国国民之间因国际投资而产生争议，则可以通过调解或仲裁，向解决投资争端国际中心提交申请。只是，我国在签署公约时作了保留，适用的范围仅限于解决因国有化赔偿金额而产生的争议。目前两国国家和国民之间尚未发生类似的争议，因此也没有产生需要诉诸"国际中心"解决争端的需求。

而在未来现实可行的，也许是建立中哈自由经济区，并在区域经济合作基础上推动争端解决机制在更高层次上的建立。

一般而言，解决国与国私人投资者与政府之间或自然人及企业之间的经济纠纷可以选择法律途径和非法律途径两种方式解决。由于中哈两国都是从计划经济向市场经济转型国家，法制建设未臻完善，行政依赖的影响依然存在，但随着两国经济市场化程度的不断提高，法律解决争端的方式逐渐成为双方的首选。

第二节 哈萨克斯坦诉讼制度

虽然近代以来，人们越来越多地习惯于选择仲裁方式解决国际商事纠纷，但就目前各国的实践而言，法院诉讼仍然占有举足轻重的地位，短时期内还不能为其他方式所取代。作为发展中国家的中哈两国更是如此。因此，中国投资者为了更好地维护自身合法权益，掌握和了解哈萨克斯坦法院体系和民事诉讼程序还是十分必要的。

一、哈萨克斯坦法院体系

哈萨克斯坦的法院系统共分三级，由高到低分别为：
1. 最高法院；
2. 州级法院：州法院、阿斯塔纳市法院、阿拉木图市法院、阿拉木图市专门金融法院；
3. 区级法院：区法院、市法院、卫戍部队军事法院、区际专门行政法院、区际未成年人案件法院。

除院长秘书处外，哈萨克斯坦最高法院的机构设置包括：由全体法官组成的全体会议以及监督机构，院属法庭包括民庭、刑庭等，附属机构则有国家纪检、评审庭和科学咨询委员会。[①]

[①] 信息来源：哈萨克斯坦共和国最高法院官方网站。

二、中国与哈萨克斯坦司法合作

中哈两国都是上合组织成员国,近些年来,司法系统几乎每年都有交流活动,并不断促进各成员国间的司法合作。如2006年9月22日各成员国的最高法院院长就签署了《上海合作组织成员国最高法院院长会议联合声明》,声明指出,根据本国的安排,落实本国所参加的解决刑事、民商事、执行等法律争议的国际公约及其他相关法律文件的规定,并按照已批准的有关国际条约或在个案互惠的基础上,进一步加强在法院裁判、仲裁裁决承认和执行方面的合作。

各成员国法院院长还就以下事项达成共识:保持成员国最高法院的高层交往,就各方共同感兴趣的议题交流司法经验。开展法官之间的交流与互访,选派法官到其他成员国法院的法官培训机构进行培训。建立成员国最高法院院长会晤机制。成员国最高法院确定相关部门作为联络机构,就有关具体事项进行沟通与协商等。[1]

三、民商事诉讼立法

在哈萨克斯坦提起民商事诉讼,程序上适用《民事诉讼法典》(以下简称《民诉法典》)的相关规定。

审理民商事案件所使用的语言为哈萨克斯坦官方语言(哈萨克语),在必要时可以使用俄语或其他语言。法庭上使用的语言,视原告提交的起诉状使用的语言而定(《民诉法典》第14条)。

---

[1] 参见《中国审判》2006年第8期。

法律保护财产所有权。除法院判决外，任何人的财产都不能被剥夺。只有在民事诉讼法规定的情形下，并按照法典规定的程序，才能冻结银行存款和其他财产，或在民事诉讼过程中予以没收（《民诉法典》第 11 条）。

根据哈萨克斯坦的法律规定，民事争议一般的诉讼时效为 3 年（《民诉法典》第 178 条）。特殊的争议诉讼时效有长有短，适用特别法的规定。

根据哈萨克斯坦《民诉法典》的规定，外国人、无国籍人、外国组织和国际组织的权利和合法利益受到侵害，有权向哈萨克斯坦法院提起诉讼，与哈萨克斯坦公民一样享有诉讼权利。

外国人民事诉讼行为能力适用其本国法。如果根据其本国法没有诉讼行为能力，而依照哈萨克斯坦法具有诉讼行为能力，则认定其具有诉讼行为能力。

四、选择应当适用的准据法

当事人除选择仲裁机构或确定诉诸法院外，还应选择应当适用的法律。确定涉外民商事纠纷法院或仲裁机构应予适用的准据法，是各国国际私法的重要制度。哈萨克斯坦《民法典》第七编即为有关国际私法方面的内容，专门调整哈萨克斯坦民商事主体与其他国家自然人或法人之间产生的民商事关系。

哈萨克斯坦《民法典》规定，涉外民事法律关系应当适用的法律，根据哈萨克斯坦《民法典》、其他法律文件、哈萨克斯坦共和国签署的国际条约和认可的国际惯例确定。

如果哈萨克斯坦法律没有强制性规定，当事人可以协议选择所适用的法律。当事人选择适用的法律应当表述明确，或从合同条款和案件情形能够直接推导出来。当事人选择的法律既可以针对整个合同，也可以仅及于合同的个别部分。当事人选择应予适

第七章 哈萨克斯坦争议解决法律制度

用的法律可以是任何时间，合同签订之时或者之后均可，甚至可以约定变更所适用的法律。

在当事人未对合同应适用的法律进行选择的情况下，根据合同种类不同对该合同适用以下合同方设立地、拥有住所或基本活动场所的国家的法律：(1) 卖方——买卖合同；(2) 赠与人——赠与合同；(3) 出租人——财产租赁合同；(4) 出借人——无偿使用合同；(5) 承揽人——承揽合同；(6) 承运人——运输合同；(7) 发货人——送货合同；(8) 贷款人——借款合同或其他信贷合同；(9) 受托人——委托合同；(10) 行纪人——行纪合同；(11) 保管人——保管合同；(12) 保险人——保险合同；(13) 担保人——担保合同；(14) 抵押人——抵押合同；(15) 许可人——专属权使用许可合同。

对于标的为不动产的合同以及信托管理财产合同的权利和义务，适用财产所在地国家的法律；如果财产属于哈萨克斯坦共和国，则适用哈萨克斯坦共和国的法律。

不受前述规定的限制，对于共同活动和建筑承包合同，适用活动实施地或合同规定建筑物所在地国家的法律。根据招标结果或在交易所竞标订立的合同，适用招标地或交易所所在地国家的法律。

如果当事人没有选择适用的法律，可以适用对于合同具有实质意义的履行地国家的法律。否则适用与合同有最密切联系的国家的法律。

如果在合同中使用了国际贸易术语，在合同中未有其他说明的情况下，则视为合同双方同意适用针对这些贸易术语的国际惯例。

涉外法人设立合同应予适用的法律为法人设立国或注册地法，其所调整的关系还包括法人的终止、变更以及股东之间的权利义务关系，也涉及其他涉外设立文件确定的股东权利义务的情形（《民法典》第 1112~1114 条）。

五、确定法院管辖

哈萨克斯坦《民诉法典》第 3 章第 24～36 条规定了民事诉讼法院管辖，涉外诉讼一章也有相关规定。根据该法典的规定，如果国际条约和哈萨克斯坦共和国立法或双方没有另行规定，法院有权审理有外国公民、无国籍人、外国组织、外国法人、涉外组织以及国际组织参与的案件。如非法律规定的专属管辖案件，可以根据当事人的约定将案件移交仲裁庭审理。如果相互联系的规定既要求法院管辖，也要求非法院机关管辖，则法院具有优先权，由法院进行审理。对具体争议存在异议或现行立法文件对管辖权问题彼此冲突的时候，由法院审理。

一般民事案件由区（市）法院和与之同级法院管辖。州一级法院和最高法院作为一审法院审理的案件主要涉及公民选举权、法律文件违宪审查等重要案件。对于经济案件则有专门法院管辖。

区专门经济法院审理从事经营活动的公民、法人财产和非财产争议案件。区专门法院和同级行政法院有权受理行政违法事务的机关（公职人员）、被授权人决议所产生争议的案件。

起诉应向被告住所地的法院提起，即原告就被告原则。对法人的诉讼，应向法人机关所在地的法院提起。

被告住所地不明或者在哈萨克斯坦共和国没有住所，则在其财产所在地或最后住所地起诉。对法人提起诉讼也可以选择其财产所在地。对法人分支机构或代表处提起诉讼，也可以选择分支机构或代表处所在地的法院。合同中标明履行地的合同，可以向合同履行地法院提起诉讼。如果按照法律规定同时有几个法院都有管辖权，则由原告选择确定起诉的法院。

当事人可以选择法院管辖，但一些案件为专属管辖，当事人不得选择。这些案件包括：对于土地、楼房、建筑物、设施及固着于土地上的其他客体（不动产）以及解除财产扣押的诉讼，在这些客体或被扣押财产所在地提起诉讼；针对货物、旅客或行李运输合同所产生的争议，在运输企业所在地向承运人提起诉讼。

当事人协议选择外国法院管辖，应当采用书面形式。如果存在选择外国法院管辖的书面协议，被告应在法院进行实质审理之前提出申请，法院根据申请不再对案件进行审理。

如果外国组织被告或外国公民被告在哈萨克斯坦境内有住所，哈萨克斯坦法院即可审理相应的案件。以下案件也可由哈萨克斯坦法院管辖：外国法人的管理机关、分支机构或代表处在哈萨克斯坦境内；被告在哈萨克斯坦境内有财产；案件争议涉及的合同全部或部分履行在哈萨克斯坦境内。

除专属管辖的案件外，如果存在双边互助条约，在外国法院就相同当事人之间、同一标的和根据相同理由已经提起的诉讼，或已经作出相应的判决，需要在哈萨克斯坦根据法律规定承认和执行，哈萨克斯坦法院不再审理，并终止诉讼程序。

第三节 哈萨克斯坦仲裁制度

哈萨克斯坦于2004年12月28日颁布施行了《国际商事仲裁法》和《仲裁庭法》，并以其为根据成立了国际仲裁院和仲裁庭，根据案件的性质受理国内和国际的经济贸易纠纷。

以仲裁方式解决争端的必经程序是：在合同中订立仲裁条款或签订独立的仲裁协议，选择仲裁机构和应当适用的实体法，获得有效仲裁裁决，申请相关法院的承认和执行。

一、仲裁协议

仲裁协议是指双方当事人愿意将他们之间将来可能发生或者业已发生的争议提交仲裁的协议，可以是订立在交易合同之中的仲裁条款，也可以是独立的仲裁协议。仲裁条款或仲裁协议对双方具有约束力，合同本身无效并不影响仲裁条款（协议）的效力。仲裁协议既是任何一方当事人将争议提交仲裁的依据，又是仲裁机构和仲裁员受理案件的基础。当事人双方一致同意以仲裁方式解决争议，是把争议提交仲裁的基本要素。一份有效的仲裁协议，如果当事人坚持仲裁解决方式，则可以排除法院的诉讼管辖。如果没有仲裁协议或者仲裁协议无效，任何一方当事人都不能强迫对方进行仲裁，仲裁机构也不能受理案件。如果当事人有意仲裁，订有仲裁协议，任何一方当事人亦不能单方面撤回已表示同意的提交仲裁的约定。在国际商事仲裁实践中，各国一般都要求仲裁协议采用书面形式，中哈两国也不例外。

根据哈萨克斯坦《国际商事仲裁法》第6条及《国际仲裁法院仲裁规则》相关条款的规定，双方争议提交仲裁必须订立仲裁协议，并采用书面形式（纸质文件、电子邮件、传真、信函等均可）。当事人也可以在主合同中订立仲裁条款，与独立的仲裁协议具有同等法律效力。仲裁协议既可以事先订立，也可以在合同签订后订立。即使纠纷正在有管辖权的法院进行审理，也可以根据当事人的协商，撤回诉讼，改由仲裁法院裁决。

当然，仲裁协议也可因当事人的协商而撤销，其程序与订立协议程序相同，其必要条件是当事人双方的一致同意。如果任何一方不同意撤销，则另一方无权单方面使仲裁协议无效。

二、仲裁机构

中哈两国企业，在签订合同时可以订立仲裁条款，在仲裁条款中首先需要确定仲裁机构。仲裁机构的选择由双方本着自愿原则自行协商确定，既可以选择国际仲裁机构，也可以选择中国或哈萨克斯坦的仲裁机构。

选择仲裁机构是仲裁协议的必备条款，协议中没有确定仲裁机构的，将导致仲裁协议无效。

哈萨克斯坦的主要仲裁机构是哈萨克斯坦共和国国际仲裁院（Международный арбитражный суд при Торгово‐промышленной палате），附设于哈萨克斯坦工商会，2005年根据哈萨克斯坦通过施行的《国际商事仲裁法》和《仲裁庭法》而成立，其前身为1992～1993年成立的哈萨克斯坦共和国工商会联合会仲裁委员会。国内现有分支机构30个，并在8个国家设有代表处，在中国的代表处设在北京市。

应当指出的是，除上述国际仲裁院外，哈萨克斯坦工商会之下附设的仲裁机构还有一个称为仲裁庭（Третейский суд）。两者实际上没有本质区别，称谓上往往混而为一，不分彼此。两个机构在受理案件的当事人方面不存在分工，既可受理涉外（当事人一方或双方为侨民）纠纷，也可以受理国内的争议，不同的是受理案件的性质有所区别，以案件的性质不同划分两者受理案件的管辖范围。

根据哈萨克斯坦《国际商事仲裁法》和《仲裁庭法》第1条的规定，仲裁机构管辖的案件为民事合同纠纷，其他法律文件另有规定的除外。《仲裁庭法》第7条第5款规定，"除哈萨克斯坦共和国法律另有规定外，仲裁庭管辖的案件不包括涉及国家、国有企业、未成年人、按照法定程序被认定为无民事行为能力人、非仲裁协议参与者利益的争议，不包括自然垄断主体、在商品和服务市场占据优势地位主体因提供服务、完成工作、生产商品合同所产生的争议以及破产案件"。

自国际仲裁院成立以来，受理的仲裁案件逐年攀升，最多的是涉及俄罗斯国家公民和法人的纠纷，占整个受理案件的7%。其次是涉及中国的争议案件，占5%。[①]

各国际和国内仲裁机构，当事人根据需要和意愿可以自由选择。对于中国投资者而言，选择中国或哈萨克斯坦的仲裁机构进行仲裁也许是首先应予考虑的选择。因为对于中国投资者来说，最熟悉中国的国际仲裁机构，如果选择适用法院地法作准据法，对于仲裁庭所适用的法律也有相当的了解，加上不存在语言问题，成本费用也会降至最低。但是，中国企业对哈萨克斯坦投资，经营场所都在哈萨克斯坦境内，选择哈萨克斯坦仲裁机构也不失为一种较好的选择。因为仲裁裁决是一方面，裁决之后还涉及执行。选择哈萨克斯坦仲裁机构，不仅对争议双方都较为便利，也会相应地节省解决争议的成本，并且也便于仲裁裁决的最后执行。

三、哈萨克斯坦国际仲裁院仲裁程序

根据哈萨克斯坦国际仲裁院公布的仲裁规则，选择国际仲裁院作为仲裁机构，应遵守其仲裁程序，程序如下：(1) 原告（申请人）向仲裁院提交仲裁起诉状（仲裁申请），缴纳受理费和仲裁费，并指定仲裁员和备选仲裁员。(2) 仲裁院院长审查所提交的仲裁申请是否符合仲裁规则规定的要求。决定受理后，仲裁院根据仲裁规则作出案件受理决议，并将审理案件的地点通知双方。

[①] 信息来源：哈萨克斯坦共和国工商会网站，http://www.cci.kz/index.php/ru/。

第七章 哈萨克斯坦争议解决法律制度

（3）被申请人对申请进行答辩，并指定仲裁员和备选仲裁员。（4）双方指定首席仲裁员和备选首席仲裁员。（5）准备开庭审理案件，双方准备出庭证据、书面文件。（6）案件审理。（7）双方提交必要的证据。（8）仲裁庭作出裁决。（9）双方可以按照哈萨克斯坦民事诉讼法规定的程序对仲裁院作出的仲裁裁决向有管辖权的法院提起诉讼，请求撤销仲裁裁决。（10）仲裁裁决的强制执行。仲裁院作出的仲裁裁决，可以按照现行有效的执行程序的规定，根据有管辖权法院出具的执行文书申请强制执行。①

四、仲裁费②

哈萨克斯坦共和国工商会国际仲裁院《仲裁收费办法》规定，仲裁案件的登记费为500美元，并以此为基础，根据仲裁申请标的的增加而递增。

具体收费标准如表7-1所示。

表7-1　　　　　　　　仲裁费收费标准

仲裁标的（美元）	仲裁费（美元及递增比率）
不足 20 000	500
20 001 ~ 50 000	500 + (20 001 - 500) 3.3%
50 001 ~ 100 000	1 500 + (100 000 - 50 001) 2.5%
100 001 ~ 300 000	3 000 + (300 000 - 100 001) 2.3%
300 001 ~ 500 000	9 000 + (500 000 - 300 001) 2.0%
500 001 ~ 1 000 000	15 000 + (1 000 000 - 500 001) 1.8%
1 000 001 ~ 5 000 000	30 000 + (5 000 000 - 1 000 001) 1.5%
5 000 001 ~ 10 000 000	90 000 + (10 000 000 - 5 000 001) 1.0%
10 000 001 及以上	105 000 另加超过 10 000 001 美元以上数额的 0.5%

---

① 参见 http://www.arhitrage.kz/home。
② 详见哈萨克斯坦工商总会国际仲裁院规章制度条例附件1仲裁费用条例。

如果仲裁申请人为哈萨克斯坦共和国的侨民，仲裁费以坚戈支付。在其他情形下可以支付美元。外汇兑换坚戈或美元，以仲裁申请提起之时哈萨克斯坦国家银行确定的汇率换算。

仲裁费应足额缴纳，特殊情形下可以向仲裁院院长（其不在时向副院长）提出减费申请，哈萨克斯坦工商会总裁有权根据当事人财产状况，视其支付能力，同意其缴纳部分仲裁费，但首次缴纳不得低于应当缴纳数额的 50%。仲裁院就此应作出裁定，指定缴纳其余部分仲裁费的数额和期限。

仲裁费可以根据案件进展情况增加或者减少，但要经过审查和批准。减少后所余金额不得低于仲裁登记费，即 500 美元。

如果双方没有约定，仲裁费由未得到仲裁庭支持的一方承担。但如果仲裁庭仅对申请人的部分申请作出予以支持的裁决，则仲裁费按照比例承担。

第四节　调　解　程　序

值得注意的是，2011 年 1 月 28 日哈萨克斯坦颁布施行了《哈萨克斯坦共和国调解法》（закон о медиации），共 4 章 28 个条文，自正式发布之日起 6 个月后生效（2011 年 2 月 5 日发布于《哈萨克斯坦真理报》）。根据该法的规定，调解适用于自然人和（或）法人参与的民事、劳动、家庭以及其他法律关系所产生的争议（冲突），适用于审理刑事诉讼程序中的中等和轻微犯罪案件的调解，哈萨克斯坦共和国法律另有规定的除外（第 1 条第 1 款）。不适用于涉及未参与诉讼的第三人和无民事行为能力人利益的争议解决，争议一方为国家机关的争议也不适用。贪污受贿和损害国家利益的刑事犯罪案件不适用调解程序。

该法所称调解是指按照各方自愿原则由调解员所促成的各方

都能接受的解决争议（冲突）调解程序。在诉讼程序开始前，争议各方可以与调解员达成调解协议，并签订书面合同。

调解协议应当包含争议各方的信息资料、争议标的、调解人（组织）以及调解协议条件、执行方式和期限、未履行或未适当履行的后果。各方应按照协议规定的程序和期限自动履行。在法院审理民事案件之前达成的调解协议，应视为旨在设立、变更或终止民事权利义务的民事法律行为，未履行该协议或未适当履行该协议的一方应按哈萨克斯坦法律规定的程序承担相应的责任。在诉讼过程中达成的调解协议，应立即提交给受理案件的法官，法官根据民事诉讼法规定的程序予以确认，一经确认有效，即停止诉讼程序，并返还诉讼费。

可以认为，这是哈萨克斯坦引进的多元化解决争端的一种新方式。为此，法律规定可以成立专业调解员组织，并为维护其权益组建调解员协会或联合会等团体组织。这些组织在法律性质上属于非商业组织。

根据该法相关条款的规定，调解程序几乎适用于刑事、民事等各种法律关系产生的纠纷和争议，亦未排除涉外因素所产生的争端解决。所以，我国投资者在未来与哈萨克斯坦伙伴发生争议时，亦会遭遇该法所规定的调解程序的适用。[①]

第五节　中国与哈萨克斯坦司法判决和仲裁裁决的承认和执行

中哈两国都是《关于承认和执行外国仲裁裁决的公约》（1958年《纽约公约》）成员国（哈萨克斯坦1995年10月4日

---

① 参见：http://www.kida.kz/index.php/ru/（登录时间：2012年12月20日）。

加入），因此，中哈两国当事人可以选择仲裁方式解决彼此之间的投资和贸易纠纷，仲裁裁决在对方国家完全可以得到承认和执行。

另外，中哈两国于1993年1月14日在北京签订了《中华人民共和国和哈萨克斯坦共和国关于民事和刑事司法协助条约》，并于1995年7月11日生效。该条约明确规定适用于商事和经济案件。

外国国家职能机关针对哈萨克斯坦公民和组织或外国人按照规定形式在哈萨克斯坦共和国境外制作签发的文件，如果法律或哈萨克斯坦共和国所签署的国际条约没有不同规定，经过领事认证哈萨克斯坦法院可以接受并承认。

外国法院的判决和仲裁裁决，在法律规定或哈萨克斯坦共和国所签署的国际条约规定了相互义务的情况下，在哈萨克斯坦共和国可以得到承认和执行。承认和执行的程序，参照《民诉法典》的相关规定。外国法院的判决和仲裁裁决，在发生法律效力后的3年内可以强制执行。存在正当理由而超过期限，还可以按照法定程序由哈萨克斯坦法院予以恢复。

如果仲裁裁决在规定的期限内没有自动得以履行，仲裁裁决的胜诉方有权向审理争议并作出裁决的仲裁机构所在地的法院提出强制执行的申请，法院将按照法定程序予以强制执行。首先是申请签发强制执行令。申请应附经过公证的裁决原件或按照规定方式经过公证的复印件，以及仲裁协议原件或按照规定方式经过公证的复印件。如果仲裁裁决或协议为外文，当事人应提交该文件的官方文字或俄文译文，并以规定方式对其予以公证。签发执行令的申请应在仲裁裁决自动履行期限届满后的3年内提出。超过规定期限或未附相关必要文件提交的签发执行令的申请，法院将其退出，并作出决定。对此可以按照法典规定的程序提出申诉。如果能够证实超过期限系存在正当原因，法院有权恢复提交签发执行令申请的期限。签发执行令申请由一个法官独任审判，

第七章 哈萨克斯坦争议解决法律制度

期限是自收到申请后的 15 日内。收到仲裁裁决强制执行以及开庭审理的时间和地点，由法院通知债务人。审查申请的时间和地点也应通知债权人。债务人或债权人不到庭，并不构成审查申请的障碍。法院在审理签发强制执行令的时候，无权对仲裁裁决作出实质性审查。审查的结果是法院作出签发执行令或不予签发执行令的决议。法院作出的签发执行令的决议必须立即执行。

法院不予签发仲裁裁决强制执行令的情形包括：当事人一方提交法院的证据证明，达成仲裁协议的一方被法院认定为无民事行为能力或限制行为能力人；根据双方所从属的法律或哈萨克斯坦的法律规定该仲裁协议为无效的协议；一方未以应有的方式收到指定仲裁员或进行仲裁审理的通知；仲裁裁决的争议不属于仲裁协议规定的范围或不符合其条件，或者包含超出仲裁协议范围的事项或不为仲裁管辖的争议。

如果仲裁裁决事项能够将仲裁协议包含的事项和不包含的事项区分开来，则可以撤销不包含在仲裁协议之内的事项部分。仲裁庭构成或仲裁程序不符合仲裁协议或仲裁规则的规定，或者法院确定仲裁裁决违反哈萨克斯坦共和国的公共秩序或者根据哈萨克斯坦共和国立法的规定，仲裁裁决的事项不属于仲裁裁决的事项，也可作为不予签发仲裁裁决强制执行令的依据。

哈萨克斯坦《民诉法典》附件为"不得根据执行文件予以追索的财产清单"，涉及的物品种类包括属于债务人所有或与他人共有的日常用品、衣物、家具、食品、儿童用品、残疾人交通工具等。

第八章

哈萨克斯坦其他法律风险提示

第一节　国家安全审查

国家安全审查是防止经营者的商业活动危害国家安全及重大利益的政府行为。境内企业从事重要农业品、重要能源和资源、重要基础设施、重要运输服务、关键技术、重大设备制造的，在其实际控制权可能被外国投资者所取得时，都需要通过国家安全审查。和许多西方发达国家一样，在哈萨克斯坦，国家安全审查由反垄断主管机关负责，并由政府的各个不同机构进行多方审查，甚至包括参议员、下议院以及总统国家安全顾问团等，均有可能参与到决策程序中。

在进入国家安全审查程序后，有一些通用的审查标准：

首先，国防被解释为外国投资者并购境内企业时对国防需要的国内产品生产能力、国内服务提供能力和有关设备设施的影响。

其次，外国投资者并购境内企业对国家经济稳定运行的影响也是被考虑的因素之一，这可以被视为国家的经济安全。

第八章 哈萨克斯坦其他法律风险提示

最后,外国投资者并购境内企业对社会基本生活秩序的影响也是评价标准之一。国家社会安全审查包括外国投资者并购境内企业对社会公共利益(如公序良俗)的影响,而这一标准从更广的范畴讲,也应涵盖政治安全。此外,相关部门还将考虑外国投资者并购境内企业对涉及国家安全关键技术研发能力的影响。目前哈萨克斯坦还没有基于政治和意识形态差异而启动国家安全审查的实践案例。

哈萨克斯坦是从计划经济向市场经济过渡的转型国家,新的立法体系尚属初创,在全球化的大背景下,机遇与挑战同时并存。在这种情况下,国家安全便成为国家政策首先要考虑的内容,这主要体现在出台各种限制政策方面,尤其是对能源领域的限制。

一、外资持股比例的限制

2012年1月6日哈萨克斯坦总统纳扎尔巴耶夫签发了新修订的《哈萨克斯坦共和国国家安全法》,其第6条第7款规定,禁止在通讯领域运用地面通讯线缆(包括电缆、光缆、无线电中继等)经营哈萨克斯坦内或国际通讯业务的外国人、无国籍人及外国法人直接或间接控制、利用、处分或管理总数超过49%享有表决权的股份、份额、法人注册资本。[1]

根据哈萨克斯坦法律规定,在海上石油项目中,哈萨克斯坦国家石油天然气公司所占的比重应超过50%。2007年施行的针对石油开采企业的开采办法要求,在采办招标过程中价格相差不超过20%时,应优先选用当地供应商和承包商,这就是所谓的"哈萨克斯坦含量",它已从温和宽松的指引逐渐演化为强制性政策。

---

1 参见:《哈萨克斯坦真理报》2012年1月17日。

二、战略安全政策

2008年的哈萨克斯坦立法增加了"战略客体"概念,规定在战略客体交易中,哈萨克斯坦政府具有优先购买权。2007年11月出台的《地下资源和地下资源利用法》又引入了"战略资源区块"的概念,规定若在具有战略意义区块上的油气合作活动影响到哈萨克斯坦经济利益并威胁到国家安全时,政府可单方面拒绝执行、修改或终止合同。

2009年8月13日哈萨克斯坦政府核准《哈萨克斯坦共和国政府关于核准具有战略意义矿产地(矿区)清单的决议》(第1213号)。"清单"中共列举了229处有色金属、黑色金属、石油天然气及其他矿产品的产地名称、经纬度位置及所在地区行政区划名称。

根据哈萨克斯坦国际文传电讯社报道,2008年12月26日,哈萨克斯坦官方媒体公布了哈萨克斯坦政府关于禁止外国公民进入哈萨克斯坦境内部分地区的决议。根据该决议,除非经哈萨克斯坦外交部、内务部与国家安全委员会协商允许,2015年前临时禁止外国公民进入以下地区:阿拉木图州格瓦尔杰伊斯克镇、拜科努尔市、克孜勒奥尔达州卡尔玛克钦斯克区和卡扎林斯克区。[1]

三、特许经营项目

2009年12月31日哈萨克斯坦总统签署了《关于批准联合国道路交通公约法》,其中包括拟于2010~2012年实施的政府特许经营权项目。特许项目包括以下几个公路路段:(1)阿拉木

---

[1] 信息来源:中华人民共和国驻哈萨克斯坦使馆经济商务参赞处,http://kz.mofcom.gov.cn/aarticle/(登录时间:2012年12月20日)。

第八章 哈萨克斯坦其他法律风险提示

图至乌斯季卡缅诺格尔斯克公路、阿拉木图—卡普恰盖路段；(2) 阿拉木图至霍尔果斯公路、阿拉木图—霍尔果斯路段；(3) 乌兹别克边境至霍尔果斯公路（经科克别克、科克套、布拉戈维申斯卡至吉尔吉斯）、塔什干—希姆肯特路段、希姆肯特—江布尔州边界路段；(4) 叶卡捷林堡至阿拉木图公路（途经城市：科斯塔奈、阿斯塔纳和卡拉干达）、阿斯塔纳—卡拉干达路段；(5) 阿拉木图城市大环线公路、阿拉木图城市大环线公路。哈萨克斯坦交通运输部负责上述项目的评标组织工作。①

四、战略性投资项目清单

据哈萨克斯坦国际文传电讯社报道，哈萨克斯坦政府总理马西莫夫2009年9月1日签署政府决议，确定了哈萨克斯坦国家战略投资项目清单。决议自公布之日起生效。

列入政府决议的29个投资项目如下：(1) 有膜技术生产氯和烧碱；(2) 扩大改造埃基巴斯图兹2号电站；(3) 扩大改造埃基巴斯图兹1号电站；(4) 在阿克套塑料厂厂址建设沥青生产厂；(5) 建造有再熔工序和基础设施的冶金综合体；(6) 在阿特劳州建造首座天然气化学综合体；(7) 在哈萨克斯坦建造多晶硅生产厂；(8) 扩建阿克套国际海港，增加原油和干货转运量；(9) 建设巴尔哈什火电厂；(10) 综合开发"希姆布拉克"高山滑雪场；(11) 建设贝内乌—博佐伊—阿克布拉克天然气干线管道；(12) 在阿斯塔纳市建设机车厂；(13) 组织机车车厢生产；(14) 扩大塔拉兹冶金厂铁合金生产，并进行现代化改造；(15) 建设马伊纳克水力发电站；(16) 在克孜勒奥尔达州建设阿克沙布拉克燃气涡轮热电厂；(17) 建造乌拉

---

① 信息来源：http://www.kazpravda.kz/_pdf/jan10/120110law.pdf（登录时间：2012年12月20日）。

尔燃气涡轮热电厂；（18）国家电网现代化二期工程建设；（19）对阿特劳炼油厂进行现代化改造；（20）对希姆肯特炼油厂进行现代化改造；（21）对巴甫洛达尔炼油厂进行现代化改造；（22）钾肥生产项目；（23）硫酸生产项目；（24）生产P65干线铁轨；（25）数字电视生产项目；（26）在阿斯塔纳建造制药厂；（27）建设为国家医学机构统一配发药品、医疗产品及医疗设备的体系；（28）用阿斯塔纳机车厂生产的内燃机车更新现有机车组；（29）在阿克莫拉州阿特巴萨尔市"巴伊捷列克－A"公司基地生产电力机车。[①]

第二节 反垄断审查

1987年，哈萨克斯坦颁布了《哈萨克斯坦共和国竞争和限制垄断活动法》（下称《反垄断法》），作为私人资本有序竞争的法律依据。2001年和2008年，哈萨克斯坦对《反垄断法》进行了两次重大修改，较为系统地制定了关于垄断行为的基本原则和处置垄断行为的基本规范。修订后的《反垄断法》明确提出，制定该法的目的在于保护竞争，为企业投资和经营制造条件，避免出现经济垄断和恶性竞争，保护自由竞争并依法维护消费者权益。这部法的创新之处在于：补充和强化了发展中小企业、保护民族工业以及使哈萨克斯坦经济顺利融入国际经济体系等方面的内容；明确了一系列促进科技创新和投资发展的措施和标准；规定了国家参与经营活动的形式和依据，禁止某些利益集团干扰反垄断执法部门的工作；界定了反垄断部门及其他协调部门的执法权限；强调了反垄断执法部门执法的程序性，以避免反垄断机构

---

① 信息来源：中华人民共和国驻哈萨克斯坦使馆经济商务参赞处，http://www.kazpravda.//kz.mofcom.gov.cn/aarticle/ddfg/。（登录时间：2012年12月20日）

第八章 哈萨克斯坦其他法律风险提示

滥用职权随意执法检查；赋予了市场实体拒绝反垄断机构随意性执法的权利。

一、垄断行为审查

（一）自然垄断行为

1. 限制竞争协议。《反垄断法》将市场实体限制竞争协议分为横向和纵向两种。

横向限制竞争协议是指占有或可能占有特定商品的市场份额合计超过35%且具有竞争关系的市场实体或潜在竞争者以任何形式达成的协议。协议主体是指占有或可能占有市场份额合计超过35%且具有竞争关系的市场实体或潜在竞争者。主体数量应是两个或两个以上。市场份额应是合计超过总份额的35%。两个或两个以上主体之间应具有竞争关系，否则不能构成横向限制竞争协议。

纵向限制竞争协议是指具有支配（垄断）地位的非并行的市场实体与其供应商或购买者（消费者）之间以任何形式达成的协议。协议主体是指具有支配（垄断）地位的非并行的市场实体与其供应商或购买者（消费者）。主体数量应是两个或两个以上。市场份额要求具有市场支配地位。两个或两个以上主体之间具有上下游商品市场的供应与销售关系，否则不能构成纵向限制竞争协议。

国家机构限制竞争协议是指国家机构之间或国家机构与市场实体之间以任何形式达成的协议。协议的双方主体是国家机构或国家机构与市场实体。尽管协议的主体是国家机构或者一方是国家机构，但采用的方式是协议的形式，而不是以行政权力作为限制竞争的表现形式。

市场实体或国家机构以任何形式达成的协议导致或可能导致限制竞争或侵害自然人、法人利益的,反垄断机构经过法定程序,可以认定该协议为限制竞争协议。被认定为限制竞争的协议,其内容全部或部分无效。

2. 滥用市场支配(垄断)地位。滥用市场支配(垄断)地位是指市场实体居于独占地位并倚仗独占地位损害竞争,阻止其他市场实体进入商品市场,或者以其他方式限制其他市场实体的自由经济活动。市场实体的市场份额超过反垄断机构每年确定的市场份额最大值或者超过市场总额的35%,应当认定该市场实体具有市场支配地位。市场实体的市场份额未超过反垄断机构每年确定的市场份额最大值,但根据市场实体市场份额的稳定性、竞争者市场份额的相对规模和新市场实体(竞争者)进入特定市场的可能性,反垄断机构可以认定这些市场实体是否具有市场支配地位。两个或两个以上市场实体的市场份额合计为50%以上的、三个市场实体的市场份额合计为70%以上的,应认定联合的市场主体具有市场支配地位。具有市场支配地位的市场实体通常通过不正当地停止或减少商品生产、抬高或压低商品价格、制定垄断高价或垄断低价、歧视性交易、设置市场进入障碍以及违反价格形成程序等,滥用市场支配地位。滥用市场支配地位的行为导致或可能导致限制竞争的,应予禁止并认定无效。

3. 经营者联合行为。为预防市场实体滥用支配(垄断)地位,反垄断机构对市场份额超过35%的市场实体的设立、具有支配(垄断)地位的市场实体的重组、有支配(垄断)地位的市场实体的清算进行必要的监督,但根据法院判决进行的清算除外。

监督应依法律规定的程序进行。市场实体的设立、合并或联合可能导致限制竞争的,发起人或做出决定的法人或国家机构应采取相应措施,恢复保障竞争的相关条件。若未采取措施恢复保障竞争的条件,且已通过国家登记,或者未经反垄断机构批准而

第八章 哈萨克斯坦其他法律风险提示

对设立、重组或联合进行了国家登记,利益相关者可以通过反垄断机构向法院提起诉讼,认定该国家登记无效。

4. 收购应当履行的程序。收购应向反垄断机构提出申请并获得反垄断机构的批准。自然人或法人应向反垄断机构提交同意实施交易的申请,并按照反垄断机构的规定提供所需的信息;反垄断机构在30日内将决定通知申请者。批准申请可能导致强化市场实体的支配(垄断)地位或限制竞争的,或者申请者提交的信息是虚假的,反垄断机构有权拒绝批准申请者的申请。反垄断机构对市场实体的申报信息进行初步审查后,认为申请的实施可能导致或强化市场实体的支配(垄断)地位或限制竞争的,应对该交易是否符合法律规定做出进一步审查。进一步审查的决定应在反垄断机构收到申请之日起的15日内通知申请者,在30日内做出是否批准的最终决定,并以书面形式通知申请者。在收购申请者不执行反垄断机构做出的命令和决定时,反垄断机构可向法院提起诉讼,要求法院认定申请者的交易无效。已经完成的收购交易,若违反国家监督程序,导致或强化市场实体的市场支配(垄断)地位或限制竞争的,利益相关者可以通过反垄断机构提起诉讼,要求法院认定违反监督程序的交易无效。未经反垄断机构同意而擅自进行收购交易的,应依法追究刑事责任。

5. 强制拆分。强制拆分是指具有支配(垄断)地位的市场实体在一年内实施两项或两项以上旨在限制竞争的违反《反垄断法》的行为,反垄断机构通过诉讼程序将该市场实体拆分为两个以上市场实体的反垄断行为。强制拆分的主体是反垄断机构,强制拆分的对象是市场实体,强制拆分的程序则通过反垄断机构进行诉讼程序予以实行。强制拆分的条件可以分为形式条件和实质条件。形式条件是市场实体在一年内实施两项或两项以上旨在限制竞争的违反《反垄断法》的行为。实质条件包括市场实体在组织上和地域上存在着拆分的可能性,在技术上市场实体与其下属机构之间缺乏密切的相互联系,存在经重组而成为独立法人并在特定市场上独立经营的可能性，拆分可促进竞争的发展。市场实体支配（垄断）地位的形成是由于市场缺乏类似的商品或服务，强制拆分的决定可以在市场实体支配（垄断）地位形成一年后做出。在市场实体固定价格的情形下，拆分居于独占地位的市场实体或具有支配（垄断）地位的市场实体不成功的或不适宜的，应当采取其他反垄断强制措施。反垄断机构强制拆分的决定，应当由市场实体的所有者或其授权机构按照拆分决定所规定的条件和期限执行，执行期限不得少于6个月。

（二）行政垄断行为

行政垄断是指国家经济主管部门和地方政府滥用行政权力，排除、限制或妨碍企业之间的合法竞争。根据《反垄断法》的规定，国家机构滥用行政权力损害竞争的行为主要包括以下几个方面。

1. 地区封锁行为。地区封锁行为包括：根据地域、销售或购买数量、商品（劳动、服务）的分类或者根据销售者和购买者的群体分割市场；运用行政权力，禁止州际之间的商品（劳动、服务）销售（购买、交易和收购），或者以其他任何形式限制市场实体进行商品（劳动、服务）销售（购买、交易和收购）。

2. 排斥或限制经营者活动。这些行为包括：除哈萨克斯坦法律另有规定外，在某领域内不正当地阻碍市场实体的活动；禁止实施某些活动或禁止制造某类商品（劳动、服务）；限制或不合理地阻止设立新的市场实体。

3. 授予市场实体特权的行为。授予特定市场实体特权的行为包括：授予特定市场实体行使导致或可能导致上述违法行为的权利；除哈萨克斯坦法律另有规定外，向市场实体下达向消费者群体优先供给商品（劳动、服务）或优先签订协议的指令；与市场实体建立特定联系，促使市场实体在商品市场上取得支配（垄断）地位；不正当地授予特定市场实体优惠条件或专有性权利，使其取得市场优势地位。

行政垄断行为对国家正常的商品竞争危害巨大。哈萨克斯坦《反垄断法》为加强对行政垄断行为的规制，禁止国家机构通过或从事限制企业独立性、为特定市场实体创设歧视性条件或优惠条件，以及其他导致或可能导致限制竞争的法律或行为。国家机构根据《反垄断法》的规定就市场实体的设立重组和清算做出的决议，应当获得反垄断机构的同意，否则，该决议不具有法律效力。

二、反垄断机构

哈萨克斯坦反垄断的中央主管机关是反垄断政策国家委员会，地方亦设有相应的地方反垄断机构。反垄断机构可以设立专家委员会，对其工作进行监督。专家委员会由学者、专家、国家机构和市场实体的代表组成。专家委员会按照法定程序开展活动。哈国中央反垄断机构在反垄断政策授权范围内对相关市场进行界定，对市场实体的市场支配地位进行认定。地方反垄断机构根据中央反垄断机构制定的程序，对在地方商品市场上拥有支配（垄断）地位的市场实体进行国家登记。

（一）反垄断机构的职责和职权

1. 职责。反垄断机构的主要职责包括：支持市场实体的创业活动和商品（劳动、服务）市场竞争的发展；采取措施预防、限制和禁止垄断活动以及滥用市场支配（垄断）地位，禁止不正当竞争；规制自然垄断主体的活动；规制和监督国家机构提供服务的程序；监督《反垄断法》的遵守情况和价格的形成程序；控制市场实体在商品市场的支配（垄断）地位；为保护消费者权益协调国家机构的活动；为确定具有市场支配地位的市场实体是否在商品市场内限制竞争和实施垄断活动进行分析；对有关商品市场的运行、竞争的发展、价格的形成以及消费者权益保护的法律草案和规范性法律文件进行专门评价；向总统、议会和政府提交关于商品市场状况和市场竞争的报告，提交关于修改《反垄断法》及其适用实践的建议；审理违反《反垄断法》的案件并做出决定；对市场实体遵守《反垄断法》的情况进行国家监督；制定并通过市场主体应当执行的规范性法律文件。

2. 职权。反垄断机构的主要职权包括：拟定并通过对国家机构和市场实体有约束力的有关反垄断的规范性法律文件；确认市场实体获得支配（垄断）地位的可能性；对可能导致市场份额超过35%的市场实体的设立及对拥有支配（垄断）地位的市场实体的重组和清算发表意见；对国家机构和市场实体遵守《反垄断法》的情况进行审查；对国家机构及其官员、市场份额超过35%的市场实体及其负责人或具有支配（垄断）地位的市场实体及其负责人发布强制性指令；对阻碍竞争发展、阻碍反垄断机构指令实施以及违反《反垄断法》和其他法律的市场实体及其负责人和国家机构官员处以罚款；消除违反《反垄断法》和有关保护消费者权益的行为；就违反《反垄断法》的犯罪案件向相关法律执行机构陈述并提交有关解决方案；若国家机构通过的法律违反《反垄断法》，向该国家机构提出关于废除或修改法律的建议；向检察院提供与《反垄断法》相抵触的事实和规范性法律文件；在反垄断机构的会议上听取国家机构官员、市场份额超过35%或者具有支配（垄断）地位的市场实体关于由反垄断机构管辖事项的报告；对有关《反垄断法》的问题做出解释；行使哈萨克斯坦法律规定的其他权力。

（二）反垄断机构取得信息的权力

国家反垄断机构在其职权范围内有权从国家机构和市场实体等相应的渠道获取有关反垄断信息，包括针对违反《反垄断法》的情形；反垄断机构有权从国家机构官员、市场实体及其负责人、自然人处获取必要的文件、书面或口头信息；市场份额超过35%的市场实体、具有支配（垄断）地位的市场实体及其负责人、国家机构及其官员，有义务按照反垄断机构的要求提供反垄断机构履行职能所需要的文件、书面或口头等信息。

（三）反垄断机构命令和决定的通过、起诉和执行程序

1. 反垄断机构命令和决定的做出。反垄断机构根据其对商品市场的分析、利益相关主体的申请、国家机构提供的信息、执行机构的报告、公共协会的申请以及大众传媒的公告，与其他国家机构联合审查或者独自审查违反《反垄断法》的事实，应以书面形式提交反垄断机构，并附有证明违反《反垄断法》的事实材料。反垄断机构在审理违反《反垄断法》的案件时，应严格按照法定程序进行，在职权范围内做出与该事实有关的决定和命令。

2. 反垄断机构命令和决定的起诉。除不适用法定时效规定的条件外，国家机构或市场实体对反垄断机构做出的命令和决定不服，可以自命令和决定做出之日起的6个月内向法院起诉，要求法院认定反垄断机构做出的命令和决定全部或部分无效，或者要求撤销或变更反垄断机构做出的行政处罚。从法院立案受理到判决生效前，暂停执行反垄断机构做出的命令和决定。

3. 反垄断机构命令和决定的执行及违法责任。违法的国家机构或市场实体不予执行恢复原状、全部或部分地废除与《反

垄断法》相抵触的法令、修改或解除违反《反垄断法》的协议以及将违反《反垄断法》获得的收入归入国家预算的命令和决定时，反垄断机构有权向法院起诉，要求法院采取强制措施，使违法的国家机构或市场实体执行恢复原状、全部或部分地废除与《反垄断法》相抵触的法令、修改或解除违反《反垄断法》的协议以及将违反《反垄断法》获得的收入归入国家预算的命令和决定。对反垄断机构做出的罚款决定，违法的国家机构或市场实体应予缴纳，并归入预算。缴纳罚款并不免除执行反垄断机构做出的命令和决定，或实施《反垄断法》所规定的其他行为的义务。违法的国家机构或市场实体在规定的期限内不缴纳罚款或者不全额缴纳罚款，反垄断机构有权向法院起诉，要求有关国家机构或市场实体缴纳罚款，并按罚款总额或未缴纳罚款额的1%按日加收滞纳金。《反垄断法》同时规定，违反法定程序，市场实体（负责人）、国家机构（工作人员）违反法律规定，反垄断机构应针对具体情况做出行政处罚的命令和决定，停止有关实体或人员的违法行为。[①]

第三节 国有化问题

一、从私有化到国有化的历史沿革

20世纪90年代初，根据改革规划哈萨克斯坦进行了有步骤的私有化（приватизация）。领导私有化的中央机构为哈萨克斯

[①] 参见刘国胜：《哈萨克斯坦共和国〈反垄断法〉述评》，载《俄罗斯中亚东欧市场》2010年第10期。

第八章 哈萨克斯坦其他法律风险提示

坦国务院财产委员会及地方行政机关。

哈萨克斯坦财产私有化共经历了两个阶段。第一个阶段为1991~1992年。这一阶段有超过2 500家大型企业和约4 000家中小型企业进行了非国有化改造，即有1/5的企业完全私有化，尤其是农业、贸易、社会饮食和日常服务业领域，私有化程度较高、进展较快。第二个阶段为1993年至1996年初。这一阶段，无论企业类型和规模大小，一般都是通过公开拍卖出售给私营企业主的。

私有化的完成意味着国有化的开始。尤其是随着外国企业在哈萨克斯坦进行大规模的矿产开发，使哈萨克斯坦政府逐渐感受到了国家资源经济所面临的弊端，对战略资源的失控意味着国家安全会受到威胁。于是，国有化或征收被提上议事日程。

2011年初（3月24日）哈萨克斯坦政府在法案中首次使用"国有化"或"征收"（национализация）一词。"国有化或征收，是在极特殊情况下才使用的剥夺财产的程序，往往发生在除此之外没有任何其他方式可以与财产所有权人达成协议的时候。"哈萨克斯坦政府经济发展和贸易部部长冉娜尔·阿依扎诺娃在开完政府工作会议后作如此表示。按照她的说法，哈萨克斯坦只有在国家安全受到威胁的情况下才会采取国有化措施。"对于实行国有化征收的每个具体企业或具体财产都将单独拟定法律草案，国家在签订法案文件的2个月之内按照市场价格给予经济补偿。"

2011年3月1日哈萨克斯坦颁布了《国有财产法》（第413—Ⅳ号）（以下简称《新法》），该法第5章专门规定了"国有化"程序（第54~60条）。负责该法实施的国家机关——经济发展和贸易部同时出台了一系列措施，以保障其贯彻施行，规定在2011年8月1日前对国有财产进行一次清查盘点和登记，并计划于2012~2013年完成对国有财产的重新评估。

《新法》规定，国有企业无权成立子公司，从而使国有企业在数量上达到优化,并在广阔的活动领域参与市场竞争。《新法》同时对国有参股企业的决策机制做了明确规定。对于重大交易,国有股占10%以下的企业,将由公司管委会决定;国有股占10%~25%的企业由董事会,超过25%的由董事会与国家授权机关协商后决定。

《新法》规定,2012~2013年,应将全部国家机关和各企业(国家控股的股份公司和有限责任公司)的财产登记到国家财产统一登记簿,责成地方成立专门委员会,负责紧急情况下对私人财产的征用事宜。

《新法》规定,国家对战略客体享有优先购买权。战略客体的所有权人如要对其作出出售或抵押、出租、信托管理的处分,则该交易的决议应根据战略客体委员会的建议由政府做出。除此之外,法律还规定,国家对战略客体的优先购买权也适用于企业破产的情形。

《新法》还规定了国家对法人和自然人土地的强制转让机制。地方执行机关与相应土地所有权人可以在3个月内进行协商,如果对价格和条件达成协议,则合同草案寄交主管部门,并由相应负责人签署,如果协商不成,3个月后将问题提交法院,按照司法程序解决。

如同实行私有化一样,国有化同样在哈萨克斯坦国内引起巨大争论。国会议员虽然提出国有化方案,政府官员也积极参与国有化的具体实施,但政府中反对国有化的声音一直不断。

值得注意的是,哈萨克斯坦新时期的工人运动正在兴起。2011年5月爆发的有5万多石油工人参加的大罢工,提出的口号就涉及国有化问题,号召将哈萨克斯坦油气资源收归国有,并由工人组成的政治社会组织实施监督[1]。

工人罢工及其提出的国有化诉求,一方面反映了哈萨克斯坦

---

[1] 信息来源:Газета "Голос Республики" № 19 (195) от 27 мая 2011 года。

民众参与社会管理的愿望,同时,对于外国投资者来说,也应关注其民族情绪。因为石油企业多为外国投资者经营,其罢工所针对的对象不仅是哈萨克斯坦政府,还包括外国石油公司。这无疑给在哈萨克斯坦投资的中国企业带来许多不确定因素,应当时刻保持清醒的认识和警惕,出现问题及时妥善地解决,防止事态进一步发展,避免给企业投资带来重大损失。

2011年3月10日,哈萨克斯坦《国家国有化法》生效。该法的颁布实施正视了"国有化"这一概念,明确了国家能够征收征用私人财产的法定情形、程序和补偿标准。

二、对战略型资产进行处置的特别规定

"战略型资产"一词最早是在哈萨克斯坦民法典中提出的。战略型资产指对于哈萨克斯坦的可持续发展具有重要的社会和经济意义的资产,对于此类资产的占有、使用和处置会影响到哈萨克斯坦的国家安全。战略型资产不但包括实物,还包括战略型资产的所有者性质和能够直接或间接控制哈萨克斯坦国家战略型资产的公司股权。

2009年,哈萨克斯坦政府曾经颁布过一个《战略型投资资产清单》,列明了一些目前不归国家或其附属机构所有或控制的,对国家安全具有重要意义的战略型资产。主要包括石油和天然气管线、国际机场、水力发电站、通信网线和一些大型公司的股权。

根据《国家国有化法》,战略型资产的所有人在此类资产上设置抵押权或其他权利时,需要得到哈萨克斯坦政府的书面批准。此规则对于证券市场上国家持有股份的上市公司进行股票交易同样适用,当一个主体,包括它的所有附属机构,购买国家持有股份的上市公司相当于20%的投票权的股权时,需要政府的

书面批准。

《国家国有化法》对于处置战略型资产所需批准的申请程序和所需申报文件做了明确规定。法定此类批准的审批为60日。当战略型资产所有人因破产、清算或清偿债务需要出卖、处置其战略型资产时，国家享有优先购买权，并会对第三方相对人按照市场价格进行合理补偿。此处的规定和2012年1月19日生效的《天然气与天然气供应法》中对于天然气管线、压气站及其组件的处置过程中国家享有优先购买权的规定一致。

三、国有化的情形与程序

根据《国家国有化法》的定义，国有化行为，指出于对哈萨克斯坦国家安全和公共利益考虑，对于个人或非政府法律主体所有的财产进行征收的行为。《国家国有化法》对于征收行为在程序上和适用情形上做了限制。

该法设定的国有化首要原则，即只有在民法中规定的其他处置手段没有办法达到保护国家安全和有利于公共利益的目的时，才能够适用国有化程序。

为了保护投资者利益，《国家国有化法》还同时设定一些程序性规定：

对于被征收人，国家应当按照资产的市场价格给予补偿。

在被征收资产过户为国家所有权时，必须对该资产的所有人进行全额补偿（一般应为征收后的2个月内）。

补偿金应一次性付清。

后　记

党的十八大提出，要"加快走出去步伐，增强企业国际化经营能力，培育一批世界水平的跨国公司"。近年来，我国企业在开拓海外市场的过程中，不断掌握东道国法律法规，逐步适应当地法律环境，积累形成了很多防范法律风险的经验做法，值得认真总结。为此，我们组织部分在海外业务中具有丰富经验的企业法律顾问，深入开展有关国别法律环境的研究工作，编写出版了本系列丛书，以期为我国企业"走出去"法律风险防范提供切实的指引和帮助。

丛书的编辑出版得到了国务院国资委领导的高度重视，黄淑和副主任在丛书编辑过程中多次作出重要批示，并亲自担任编委会主任。中国石油天然气集团公司、中国石油化工集团公司、中国海洋石油总公司、中国电信集团公司、宝钢集团有限公司、武汉钢铁（集团）公司、中国东方航空集团公司、中国五矿集团公司、中国建筑工程总公司、招商局集团有限公司等中央企业法律部门承担了丛书有关分册的编写工作；同时，顾海涛、李标、罗彧、李媛、朱光耀、张拉柱、吴青、吴茵、蔡开明、邓永泉、鲍治、柳宇华等同志参与了本书的审校工作，对于各位同仁的大力支持和帮助，表示深切的感谢。

由于丛书篇幅有限，加之企业"走出去"面临的境外法律环境复杂多变，本丛书提供的信息仅供读者参考。企业开展境外业务涉及相关法律事务时，仍需依靠本企业法律顾问或者借助专业机构提供专业的咨询意见。限于编者水平，书中纰漏不足之处，敬请读者批评指正。

《企业境外法律风险防范国别指引》
系列丛书编委会
2013 年 7 月 1 日

附录

附录一：

哈萨克斯坦主要法律法规

1. 《宪法》
2. 《政党法》
3. 《规范性法律文件法》
4. 《民法典》
5. 《国有企业法》
6. 《商事公司法》
7. 《生产联合体法》
8. 《破产法》
9. 《股份公司法》
10. 《有限责任和补充责任公司法》
11. 《行政违法法典法》
12. 《行政许可法》
13. 《劳动法》
14. 《版权与著作权法》
15. 《土地法》
16. 《生态保护法》
17. 《地下资源和水资源利用法》
18. 《投资法》
19. 《矿产和矿产资源使用法》
20. 《税法典》
21. 《政府采购法》
22. 《关于企业和国家机关采购商品、实施工程（服务）过

程中"哈萨克斯坦含量"的若干问题的规定》

23.《石油和天然气外国投资法》

24.《直接投资项目国家优惠法》

25.《海关法典》

26.《货币管理和控制法》

27.《建筑、城市开发和建设法》

28.《许可证法》

29.《劳动法典》

30.《居民就业法》

31.《劳务配额确定办法》

32.《外国公民法律地位法》

33.《仲裁法院法》

34.《仲裁庭法》

35.《集体劳动争议和罢工法》

36.《民事诉讼法典》

37.《国家安全法》

38.《反垄断法》

39.《国有财产法》

40.《国家国有化法》

附录二：

哈萨克斯坦主要政府部门和司法机构

1. 油气部
   http：//mgm.gov.kz
2. 环保部
   http：//www.eco.gov.kz
3. 工业与新技术部
   www.mint.gov.kz
4. 劳动部
   http：//www.enbek.gov.kz/
5. 财政部
   http：//www.minfin.gov.kz
6. 交通部
   www.mtc.gov.kz
7. 经济计划部
   http：//minplan.gov.kz
8. 外交部
   http：//mfa.gov.kz
9. 司法部
   http：//www.adilet.gov.kz/
10. 地区发展部
    http：//minregion.gov.kz
11. 反垄断委员会

http://azk.gov.kz

12. 自然垄断调节委员会

http://www.arem.gov.kz

13. 内务部

http://www.mvd.kz/

14. 文化部

http://mk.gov.kz/

15. 教育部

http://www.edu.gov.kz

16. 国防部

http://www.mod.gov.kz

17. 农业部

http://minagri.gov.kz/

18. 紧急状态部

http://www.emer.kz/

19. 最高法院

http://sud.kz

20. 最高检察院

http://prokuror.gov.kz

附录三：

所在国部分中介服务机构

1. 部分律师事务所

（1） Morgan，Lewis & Bockius LLP

地址：Ken Dala Business Center, 5th Floor

Prospekt Dostyk, 38

Almaty 050010

Kazakhstan

电话：+7（727）2507575

传真：+7（727）2507576

网址：http://www.morganlewis.com/almaty

（2） OLYMPEX ADVISERS

地址：Республика Казахстан, 010000, город Астана, район Есиль, улица Түркістан, дом 8/2. Жилой комплекс "Олимп – Палас"

电话：+7 /7172/ 701 - 900，701 - 901，701 - 902

传真：+7 /7172/ 701 - 904

网址：http://www.olympex.kz/start.php

（3） Baker & McKenzie

地址：Samal Towers, 8th Floor

97, Zholdasbekov Street

Almaty 050051

Kazakhstan

电话：+7（727）2509945

传真：+7（727）2584000

网址：http：//www.bakermckenzie.com/

（4）Grata LLP

地址：Grata Law Firm

104，M. Ospanov Street

Almaty 050020

Kazakhstan

电话：+7（727）2445–777

传真：+7（727）2445–776

网址：http：//www.gratanet.com

（5）Chadbourne & Parke，LLP

地址：43 Dostyk Avenue

Dostyk Business Center，4th Floor

Almaty 050010

Kazakhstan

电话：+7（727）2585088

传真：+7（727）2585084

网址：www.chadbourne.com

2. 部分会计师事务所

（1）KPMG

地址：Пр. Достык，180

Алматы 050051

电话：+7（727）298 08 98

传真：+7（727）298 07 08

网址：http：//www.kpmg.com/kz

（2）PWC

地址：пр. Аль－Фараби，34

Блок《А》，4 этаж

Алматы，050059 Казахстан

电话：+7（727）330 3200

传真：+7（727）244 6868

网址：https：//www.pwc.kz/ru/index.jhtml

（3）ТОО Независимая аудиторская компания《Центраудит－Казахстан》

地址：Республика Казахстан

г. Алматы

Проспект Аль－Фараби 19

Бизнес－центр《Нурлы Тау》

зд. 1－Б，офис 301－302

电话：8（727）311－03－45

传真：8（727）311－03－44

网址：http：//www.centeraudit.kz/node/24

（4）Компания《PKF Сапа－Аудит》

地址：Республика Казахстан，050057，г. Алматы，ул. Ауэзова，112

电话：8（727）258－59－39，274－73－55，274－95－78，258－17－52，258－17－53

传真：8（727）258－59－50

网址：http：//sapa－audit.kz/